U0036070

WISDOM
W

讀懂
孟子
真的很容易

張子維 ◎編著

原書名：這個智慧，我們用了2300年─孟子

前言

　　孟子，戰國時期偉大的思想家、教育家、政治家，儒家學派的大師。由於其在儒家中的地位僅次於孔子，所以被後人尊稱為「亞聖」。

　　《孟子》一書是孟子的代表作，也是儒家思想的經典代表作，主要記載了孟子周遊列國與君主論政的對話錄。《孟子》共七篇，篇目為：《梁惠王》上、下；《公孫丑》上、下；《滕文公》上、下；《離婁》；《萬章》上、下；《告子》上、下；《盡心》上、下。其內容主要體現了三方面的思想：一是「制民之產」，即讓百姓有一份固定的田產，讓他們不飢不寒，養生喪死而無憾；二是「與民同樂」，要統治者注意民心向背，體恤民意，贏得民心；三是「謹庠序之教」，即建立人倫規範，形成良好的社會風尚。

　　在很長的一段時間裡，孟子並不十分受人重視。自韓愈在《原道》中尊奉他之後，他的地位才有所提升，北宋神宗熙寧四年（1071年），《孟子》一書首次被列為科舉考試科目之一，到了南宋，當時的理學大師朱熹將其與《論語》、《大學》、《中庸》合稱為「四書」，《孟子》一書才正式成為儒家經典。元朝至順元年（1330年），孟子被加封為「亞聖公」，之後就被人稱為「亞聖」，地位僅次於孔子。其思想也與孔子思想合稱為「孔孟之道」。

　　《孟子》中，貫穿全書的基本主張便是「仁義」。「仁」主要體現在政治上，他認為「民為貴，社稷次之，君為輕」，只有施行「仁政」才能無敵於天下，因此他主張透過施行「仁政」去統一天下，要統治者多為人民的生存條件著想。而「義」則是一個人行為準則的最高標準。利義相比，應輕利取義，生死關

頭，也要捨生取義。孟子的這種思想對我們民族價值觀念的形成具有重大作用。而這一觀點不僅鮮明的反映了他的民本思想，而且對後人有著舉足輕重的影響。

《孟子》一書比喻恰當，說理清晰有力，邏輯推理層層遞進。其字裡行間流溢著博大精深的思想光芒、睿智靈性的處世哲理，對於現代人依然有著很大的啟迪和指導作用，可以說是先哲留給後人的一筆極為珍貴的精神財富。

有鑑於此，本書作者在多年研究孟子思想的基礎上，精選了其中的61篇，編著了本書。本書綜合融匯了歷代注家與當代學者的研究成果，是在原作基礎上的一種延伸與創新。其內容涵蓋了孟子思想中「仁義」、「性善」、「浩然之氣」等各個方面。本書不僅對原文做了簡要、通俗的注釋和白話翻譯，同時，還引經據典，對原文進行了精闢的點評。而精闢的理論與生動感人故事的完美結合，又增加了這部書的可讀性、趣味性，讓讀者能在輕鬆的閱讀中，真正領悟了「仁義」、「性善」、「浩然之氣」的涵義，體會到先人非凡的處世智慧。

大千世界，芸芸眾生，交友、擇人、做事、經商、為官，誰都想取得成功，誰都需要為人處世的智慧。而本書將引領你跨越文字的時空，去探究一代思想大師孟子的政治理想與人生價值，去進行一次中華民族優秀傳統文化之旅。

人生是一段充滿風雨的旅途，難免會遇到挫折，會有困惑與誤解，相信閱讀本書後，你將受益匪淺。

第一篇　君子喻於義，小人喻於利

【原文】

孟子見梁惠王①。王曰：「叟②！不遠千里而來，亦將有以利吾國乎？」

孟子對曰：「王！何必曰利？亦③有仁義而已矣。王曰：『何以利吾國？』大夫曰：『何以利吾家④？』士庶人曰：『何以利吾身？』上下交征⑤利而國危矣。萬乘之國⑥，弒⑦其君者，必千乘之家；千乘之國，弒其君者，必百乘之家。萬取千焉，千取百焉，不為不多矣。苟⑧為後義而先利，不奪不饜⑨。未有仁而遺其親者也，未有義而後其君者也。王亦曰仁義而已矣，何必曰利？」

——選自《梁惠王章句上》

【注釋】

①梁惠王：即戰國時魏惠王魏罃，惠是他的諡號，西元前369─前319年在位。魏原來都城在安邑（今山西夏縣西北），魏國被秦國打敗後，於西元前361年遷都大梁（今河南開封），所以魏也就被稱為梁，魏惠王也被稱為梁惠王。

②叟：老人，古代時表示對長者的尊重。

③亦：只

④家：古代時諸侯、卿、大夫的食邑采地叫做家。

⑤交征：互相爭取、互相追逐。

⑥萬乘（ㄕㄥˋ）之國：擁有萬輛兵車的國家。乘：古代的兵車一輛叫一乘，是由一車四馬組成的。

⑦弒：古時以卑殺尊，以下殺上，被稱為「弒」。

⑧苟：假如，如果。

⑨饜（一ㄢˋ）：滿足。

【譯文】

孟子去拜見梁惠王。梁惠王說：「老先生，您不辭千里而來，那對我的國家會有很大利益吧？」

孟子回答說：「大王，您何必一定要提及利益呢？只要有仁義就夠了。大王您問：『怎麼樣才能夠有利於我的國家呢？』大夫們問：『怎麼樣才能夠有利於我的封地呢？』士人和百姓說：『怎麼樣才能夠有利於我自己呢？』如果是這樣的話，上上下下之間都唯利是圖，相互之間爭奪利益，那麼您的國家就有很大的危險了。擁有萬乘兵車的國家中，以下犯上，作亂殺死國君的，一定是國內擁有千乘兵車的大夫之家；而在擁有千乘兵車的國家中，以下犯上，作亂殺掉國君的，一定是國內能夠動用百乘兵車的大夫之家。在擁有萬乘兵車的國家裡取得擁有千乘兵車的權力；在擁有千乘兵車的國家裡取得擁有百乘兵車的權力；這些大夫們所得到的權益不可謂不多。如果他們把個人的利益看得比公義還要重，那麼只有奪取了國家的利益，才能夠滿足他們。從來沒有講「仁」的人會遺棄自己親人，也從來沒有行「義」的人會不敬重自己的君主而背叛他。所以，大王您只要

講求仁義就可以了，又何必一定要談利益呢？」

【點評】

利與義之間的選擇是仁者見仁、智者見智的，孔子也曾經說過「君子喻於義，小人喻於利」。

有利就會有害，如果每個人都把利放在第一位，那麼大家就會相互爭奪權益、中飽私囊，那麼這個國家就危險了。而義呢？朱熹曾說過「仁者，心之德，愛之理；義者，心之制，事之宜」。人一旦有了仁，就會孝順，一旦孝順就會厚待其親人。人一旦有了義，就會忠誠，一旦忠誠就會報效國家。

利是一切作亂的導火線，而義則是一個國家安定和睦的基礎。故孟子說：「王亦曰仁義而已矣，何必曰利？」其道理就是「仁義重於利」也。

【案例】

馮諼買「義」

仁義是做人必備的品德。古人修身養性，十分重視仁義、品德的修養，在他們看來，仁比利更重要，戰國時期的馮諼就是十分注重仁義的人。

戰國時期齊國的孟嘗君禮賢好士，門下有食客數千人，馮諼便是其中之一。

有一天，孟嘗君詢問府裡的賓客：「有誰能算帳理財的，能夠替我到薛地去收債？」馮諼說：「我能。」於是孟嘗君就派馮諼去薛地收債，臨行的時候，馮諼問道：「債款全部收齊後，要買些什麼東西回來嗎？」孟嘗君說：「你看我家

裡缺少什麼東西，就買什麼吧！」

　　馮諼趕著馬車到了薛城，召集了那些應當還債的百姓們來核對借據。借據核對後，馮諼就假傳了孟嘗君的命令，說要免掉百姓們所有的債務，並當著百姓的面燒掉了所有的借據，百姓們高興得齊聲歡呼萬歲。

　　馮諼回到齊國都城，孟嘗君很奇怪他怎麼回來得這麼快，於是問道：「債款全都收齊了嗎？怎麼回來的這麼快呀？」馮諼回答說：「都已經收齊了。」孟嘗君又問：「你都用它買了些什麼回來？」馮諼說：「您說『家裡缺什麼就買什麼』，我考慮到您的府裡已經堆滿了珍寶，好狗良駒擠滿了您的牲口棚，後院裡也站滿了美女。您現在府裡所缺少的東西要算是『義』了，因此我替您買了『義』。」孟嘗君問：「義是怎麼個買法？」馮諼說：「如今您只有一塊小小的薛地，但是卻不能愛護那裡的百姓，反而用商賈的手段向您的百姓收取利息，我私自假傳您的命令把借據全都燒了，百姓們全都齊聲歡呼萬歲，這就是我給您買的『義』啊！」孟嘗君有些不高興，說：「好吧，先生算了罷！」

　　一年以後，齊泯王對孟嘗君說：「我不敢用先王的臣子做為自己的臣子。」藉此罷免了孟嘗君的官職。孟嘗君只能回到自己封邑薛城去。走到離薛城還有一百里的地方，百姓們扶老攜幼，在大路上迎接孟嘗君，整整一天都是這樣。孟嘗君回頭對馮諼說：「先生替我買的義，竟在今天看到了。」

　　由這個故事可以看出「仁義重於利」的道理，這也正合乎孟子所說的：「王亦曰仁義而已矣，何必曰利？」

　　「仁義重於利」這個道理，不僅適於古代，在今天依然具有指導意義，我們為人處世，不要把利看太重，特別是眼前的小利。

第二篇　與民同樂

【原文】

孟子見梁惠王。王立於沼①上，顧②鴻雁麋鹿，曰：「賢者亦樂此乎？」

孟子對曰：「賢者而後樂此，不賢者雖有此，不樂也。《詩》③云：『經始靈台④，經之營之，庶民攻⑤之，不日成之。經始勿亟⑥，庶民子來。王在靈囿，麀鹿⑦攸伏，麀鹿濯濯⑧，白鳥鶴鶴⑨。王在靈沼、於牣⑩魚躍。』文王以民力為台為沼，而民歡樂之，謂其台曰靈台，謂其沼曰靈沼，樂其有麋鹿魚鱉。古之人與民偕樂，故能樂也。《湯誓》⑪曰：『時日害喪⑫，予及女⑬偕亡。』民欲與之偕亡，雖有台池鳥獸，豈能獨樂哉？」

——選自《梁惠王章句上》

【注釋】

①沼：池塘。

②顧：左右巡看。

③《詩》：即《詩經》。此處為《詩經·大雅·靈台》。

④靈台：文王所建造的台池。遺址在今西安一帶。

⑤攻：勞作、建造。

⑥亟（ㄐㄧˊ）：急也。

⑦麀（ㄧㄡ）鹿：母鹿。

⑧濯濯（ㄓㄨㄛˊ）：肥而又有光澤。

⑨鶴鶴：羽毛潔白。

⑩於（ㄨ）牣（ㄖㄣˋ）：於，助詞，無義；牣，滿。

⑪《湯誓》：《尚書》中的一篇，是商湯討伐夏桀的誓師詞。

⑫時日害喪：時，這。害，同「曷」，何時。

⑬女：通「汝」，你。

【譯文】

孟子去拜見梁惠王，惠王站在池塘邊上，看著大雁和鹿，回頭對孟子說道：「聖賢的人也喜歡這些嗎？」

孟子回答道：「只有聖賢的人才能感受這些快樂的，而不是聖賢的人就是有這種快樂，但是他也享受不到。我們可以從《詩經》上知道，『周文王開始建造靈台的時候，大家出謀劃策，百姓們也積極的參加建造。剛開始時，文王還告訴大家慢慢來，不要急，但是百姓們就像是給自己的父親做事，就這樣很快的完成了。文王遊玩到靈囿時，見到那母鹿悠閒的臥著，肥而又有光澤；那飛翔的鳥的羽毛也是那麼的潔白。文王來到了池塘邊，則看見了滿池的魚兒在歡快的游來游去。』文王動用了百姓來建造高台池塘，百姓不但願意，而且還把高台稱之為靈台，把池塘稱為靈沼，並且為靈台、靈沼有鹿、魚、鱉而高興。古代的聖賢因為能與民同樂，所以才能得到真正的快樂。而相反的是《尚書·湯誓》中卻說到：『這個太陽什麼時候才能夠消失啊，我情願和你一起同歸於盡。』夏桀就算擁有

高台池塘，但是他的人民卻對他恨之入骨，他一個人又怎麼能快樂呢？」

【點評】

孟子提出的「與民同樂」的觀點正是其「仁政」的核心內容。古語有云：「得民心者，得天下。」

人民是國家的基礎，領導者如果做不到愛民如子的話，也無法受到人民的愛戴，這樣國家的根基都受到了動搖。荀子也說過「君者，舟也；庶人者，水也。水能載舟，亦能覆舟」。由此可見，君王與臣民的關係。君王應做到先讓民樂，民樂後自己自然也就快樂了。與民同樂，則天下樂也。天下樂，則國無事也。

為君者，就該做到范仲淹所說的：「先天下之憂而憂，後天下之樂而樂。」如此一來，國家才能和睦安康，君王才能得到人民的愛戴。不然，就如夏桀、商紂一樣遭到人民的遺棄和唾罵。

【案例】

隋文帝設燈與民樂

與民同樂，則天下樂也。天下樂，則國無事也。隋文帝在位的時候就經常和百姓們一起同樂。

有一年元宵佳節，百姓們都紛紛張燈結綵的慶祝。隋文帝知道後，就下令在長安城內開個燈會，與萬民同樂。

這次活動得到百姓們的支持，大家都把家裡最好的燈拿出來展現，一時間，

長安城內的道路上，全都是各式各
樣、形態萬千的燈。看那，獬豸燈，
張牙舞爪；獅子燈，睜眼團毛。猛虎
燈，虛張聲勢。青熊燈，形相蹊蹺。
錦豹燈，活像咆哮。再看那，仙鶴
燈，身棲松柏。錦雞燈，毛映雲霞。
黃鵬燈，欲鳴翠柳。孔雀燈，回看丹
花。鷂鷹燈，撲兔堪誇。鸚鵡燈，罵
殺俗鳥。喜鵲燈，占盡鳴鴉。鴛鴦
燈，歡喜冤家。隋文帝又讓內監製作
了一個御燈樓，這御燈樓不是用紙絹
顏料所紮縛的，而是用宮中寶玩，海
外異香所砌就的，當中的燈也多是飛
禽走獸。百姓們都非常高興的欣賞著燈。

只有與民同樂，百姓才覺得領導者平易近人，這樣，百姓才會真心歸順。所
以，與民同樂也是現代的領導者必備的素質與智慧。

第三篇　寡人之於國也

【原文】

梁惠王曰：「寡人之於國也，盡心焉耳矣。河內凶^①，則移其民於河東^②，移其粟於河內。河東凶亦然。察鄰國之政，無如寡人之用心者。鄰國之民不加少^③，寡人之民不加多，何也？」

孟子對曰：「王好戰，請以戰喻。填然鼓之^④，兵^⑤刃既接，棄甲曳兵而走^⑥。或百步而後止，或五十步而後止。以五十步笑百步，則何如？」

曰：「不可，直^⑦不百步耳，是亦走也。」

曰：「王如知此，則無望民之多於鄰國也。不違農時，穀不可勝^⑧食也；數罟不入洿池^⑨，魚鱉不可勝食也；斧斤^⑩以時入山林，材木不可勝用也。穀與魚鱉不可勝食，材木不可勝用，是使民養生喪死無憾也。養生喪死無憾，王道之始也。」

「五畝之宅，樹之以桑，五十者可以衣^⑪帛矣。雞豚狗彘^⑫之畜，無失其時，七十者可以食肉矣。百畝之田，勿奪其時，數口之家可以無飢矣。謹庠序^⑬之教，申之以孝悌^⑭之義，頒白^⑮者不負戴於道路矣。七十者衣帛食肉，黎民不飢不寒，然而不王^⑯者，未之有也。狗彘食人食而不知檢^⑰，塗有餓莩^⑱而不知發；人死，則曰『非我也，歲也』，是何異於刺人而殺之，曰『非

我也，兵也』。王無罪歲，斯天下之民至焉。」

——選自《梁惠王章句上》

【注釋】

①河內凶：河內，指魏國黃河北岸，今河南博愛、濟源一帶。凶，災荒。

②河東：黃河東岸地區。在今山西安邑一帶。

③加少：減少。

④填然鼓之：填然，形容鼓聲氣勢渾厚的聲音。鼓，打鼓。

⑤兵：兵器，不是指士兵和軍隊。

⑥走：這裡是逃跑的意思，古時，慢走叫步，快走叫趨，快跑叫走。

⑦直：只是，不過。

⑧勝（ㄕㄥ）：盡。

⑨數罟（ㄍㄨˇ）不入洿（ㄨ）池：數罟，細密的漁網。洿，大。

⑩斤：大斧。

⑪衣（ㄧˋ）：穿。

⑫雞豚狗彘（ㄓˋ）：豚，小豬。彘，大豬。

⑬庠（ㄒㄧㄤˊ）序：古代的地方學校，殷商稱為庠，周朝稱為序。後指學校。

⑭孝悌（ㄊㄧˋ）：侍奉父母為孝，友兄善弟為悌。

⑮頒白：頒同半，頒白，頭髮半白。

⑯王（ㄨㄤˋ）：施行王道，以仁德統一天下。

⑰檢：制止，約束。

⑱餓莩（ㄈㄨˊ）：餓死的人。

【譯文】

梁惠王對孟子說：「我治理國家，可以說是夠盡心盡力了。河內發生了災荒，我就將那裡的一些百姓遷移到河東去，又把糧食調撥到河內去賑災。要是河東發生了災荒，我也是這麼處理的。我觀察了鄰國的治理政事，可以說沒有一個國君能像我這樣為了百姓而盡心盡力的。然而，為什麼鄰國的百姓並沒有減少，而我國的百姓也沒有增多，請問這究竟是什麼原因呢？」

孟子回答說：「大王您喜愛打仗，那麼請允許我用打仗的事來做個比喻吧！戰鼓已經咚咚地擂響，戰鬥就開始了，陣前短兵相接，雙方的刀刃劍鋒碰撞在一起。這時，戰敗的士兵有的就丟盔棄甲，拖著兵器逃跑了。有的一口氣逃了一百步才停下來，有的一口氣逃了五十步就停了下來了。如果那些只逃了五十步的士兵嘲笑那些逃了一百步的士兵，說他們經不起打而且還怕死，這事您以為怎麼樣？」

梁惠王說：「這是不對的，他們只不過是沒有逃跑到一百步而已，但是他們的行為同樣也是在逃跑。」

孟子說：「大王您既然明白這個道理，那就不用期望您的百姓會比鄰國多了。只要在農忙的時候不去徵用民工，不去妨礙百姓們的農業生產，那麼糧食就會吃不完了；如果不用細密的漁網在大池塘裡捕撈，那麼魚鱉也就吃不完了；如果按照一定的時間去砍伐山林，這樣木材也就用不完了。糧食和魚鱉都吃不完，木材也用不完，這樣就能讓百姓們有能力去生養死葬了，而且沒有什麼不滿的。百姓們要是對養生葬死都沒有什麼不滿的話，那麼這就是王道的開始。」

「在有五畝大的宅園裡，種上了桑樹，那麼五十歲以上的人就可以穿上絲綢

棉襖了。雞、豬和狗等禽畜，家家都有飼料和時間飼養，那麼七十歲的人就可以吃上肉了。如果一家有一百畝的田地，只要不去耽誤他們耕種的時間，那麼幾口人的家庭就可以不挨飢餓了。然後認真地做好學校教育，讓百姓們都知道並且懂得孝敬父母、敬愛兄長的道理，那麼，頭髮花白的老人也就不用拿著重物趕路了。七十歲的人也能穿上絲綢棉襖，能夠吃上肉，百姓們也不受凍挨餓了，要是做到了這樣，還不能稱王於天下，那是絕不會有的事情。」

「然而，現在卻是富貴人家的豬、狗吃著本應該是人吃的糧食，卻又沒有人去制止；路上都已經有餓死的人，卻沒有人去開倉發放糧食；百姓餓死了，竟然說『這個不是我的責任，是因為收成不好的原因』，這和把人用刀刺死了，卻說『人不是我殺的，是刀殺的』，又有什麼不同呢？大王您不要把百姓的不幸全都說是收成不好，大王只要實行仁政使人民安居樂業，那麼，天下的百姓就會自然而然的投奔到您這兒來了。」

【點評】

這章主要是表現孟子的「仁政」思想，論述了如何實行「仁政」以及「王道」統一天下的問題。

戰國時代，各諸侯國的統治者，為了自身的利益，而相互攻伐；由於頻繁的戰爭，造成了兵員缺乏、勞動力不足，這在當時是個十分突出的問題。爭奪人力，也就成為了各諸侯國統治者的當務之急。所以梁惠王才會對孟子提出「民不加多」的疑問了。

孟子這次和梁惠王的對話，主要是圍繞「民不加多」的問題展開討論，以及

當時各諸侯國都想「統一天下」的心理，提出了「仁政」的主張，並且還闡述了「仁政」的具體內容，並在一定程度上揭露了社會的不平等。

孟子依據梁惠王有透過政治手段使「民加多」的願望，幫助梁惠王認識到在政治上與鄰國相比，只是做了一些救災的好事而已，本質上並沒有區別，並且還用了「五十步笑百步」這個故事來說明。接著話題一轉，提出了想要從本質上有區別，那就應該施行「仁政」，孟子的王道思想在這裡是包括了精神文明（謹庠序之教，申之以孝悌之義）和物質文明（穀與魚鱉不可勝食，材木不可勝用，是使民養生喪死無憾也），而且還提到了一個可持續性發展的過程（數罟不入洿池，斧斤以時入山林）。

這樣一來就能讓百姓們發展生產，使百姓住有房，耕有田，吃得飽，穿得暖，還讓百姓懂禮儀，能夠接受教育，君王也需要施行「仁政」，革除「暴政」，這樣百姓才能來歸服。

【案例】

以天下為先的舜

堯在晚年的時候，很想找一位賢人接任他的位子，有的大臣對他說：「帝位受命於天，不能違背天帝，應由您的兒子丹朱繼位。」但堯不想傳位給他，他說：「國君者，應當上承天帝、祖宗之重託，下與天下百姓共禍福，飢寒於百姓之先，溫飽於百姓之後，而丹朱不勤於耕稼、漁獵，貪食無厭，違背了做君主的根本原則，不能用。」於是，人們便推薦虞舜給堯帝。

當時舜見多識廣、聰明能幹，德行也得到很多人的稱讚。為了方便考驗舜，

堯就把自己的兩個女兒娥皇、女英嫁給了他，舜帶著她們到了歷山上，開山種田，建造家園。附近的鄉親們也都在舜的感召下來到歷山安家，於是荒蕪的山野，慢慢地就變成了熱鬧繁華的城邑。三年後，娥皇、女英完成了對舜的考驗，回到當時的首都平陽。女英搶著向堯帝說：「舜聰明能幹，可真是一個大賢大孝的人啊！」娥皇接著說：「百姓的心也都向著他。」於是，堯讓位於舜。

舜即位以後，以天下為先，不謀私利，深得民心，表現出了卓越的才幹。他曾任用鯀治理洪水，但鯀用堵的方法治理洪水，結果，洪水不但不退，反而越來越猛。於是舜便依法殺了鯀。鯀的兒子禹聞訊趕來，撫屍痛哭。

舜問眾臣：「繼鯀之後，誰可領眾治水？」

這時，禹慢慢站起來，高聲叫道：「微臣願領命！」說罷哈哈大笑。

舜驚異地問道：「你為何發笑？」

禹說道：「父死子悲，人之常情！我父居心不良，害苦百姓，理當處死。我為大舜之臣民，自然心悅而笑。」

於是，禹便繼承父業，治理洪水。他不辱使命，歷經九年，終於用疏通的方法整治了洪水。由於大禹功德超卓，舜力排眾議，將帝位禪讓給了禹。

如果一位君主，具備了仁德，能上承天帝、祖宗之重託，下同天下百姓共禍福，飢寒於百姓之先，溫飽於百姓之後，那麼他即可深得民心，得民心者，就能成就大業，這個道理是顯而易見的。

第四篇　仁者無敵

【原文】

梁惠王曰：「晉國①，天下莫強焉②，叟之所知也。及寡人之身，東敗於齊，長子死焉③；西喪地於秦七百里④；南辱於楚⑤。寡人恥之，願比⑥死者壹灑⑦之，如之何則可？」

孟子對曰：「地方百里⑧而可以王。王如施仁政於民，省刑罰，薄稅斂，深耕易耨⑨，壯者以暇日修其孝悌忠信，入以事其父兄，出以事其長上，可使制⑩梃以撻秦楚之堅甲利兵矣。」

「彼⑪奪其民時，使不得耕耨以養其父母。父母凍餓，兄弟妻子離散。彼陷溺其民，王往而征之，夫誰與王敵？故曰：『仁者無敵。』王請勿疑！」

——選自《梁惠王章句上》

【注釋】

①晉國：春秋時期的五霸之一，後被分成韓國、趙國、魏國。梁惠王稱魏國為晉國，是為了抬高自己，以大國自居。

②莫強焉：莫，無定指代詞，這裡指的是「沒有哪個國家」的意思。焉，於是。

③東敗於齊，長子死焉：是指西元前343年魏齊兩國的馬陵（今山東濮縣北）之戰，齊威王派田忌、孫臏率軍隊救韓伐魏，大敗魏軍於馬陵。魏軍主將龐涓被殺，魏太

子申被俘。

④西喪地於秦七百里：馬陵之戰後，魏軍又屢次被秦國打敗，最後獻給秦國河西之地及上郡共十五個城池。

⑤南辱於楚：梁惠王後元十一年（西元前324年），楚將昭陽打敗魏軍，攻破襄陵，魏國又失去了八邑。

⑥比（ㄅㄧˋ）：替、為。

⑦壹灑（ㄒㄧˇ）：壹，皆、都、全部。灑，同「洗」。

⑧地方百里：這裡應該讀「地，方百里」。

⑨易耨（ㄋㄡˋ）：易，早點、快些。耨，鋤草。

⑩制：製造。

⑪彼：這裡是指秦、楚、齊等國。

【譯文】

梁惠王對孟子說：「魏國在以前，天下還沒有哪個國家比它更強大，這一點您應該是知道的。可是自從我繼承了王位以來，在東面的戰場上敗給了齊國，連我的大兒子申也死了；在西面的戰場上又失敗了，並且還喪失了河西七百里的國土；在南面又被楚國侵略。這些對我來說，簡直就是奇恥大辱，我希望能為我國所有陣亡的將士報仇雪恨，您說我該怎麼做才能成功呢？」

孟子回答說：「一個國家哪怕只有百里見方，也可以稱王於天下。大王您如果對百姓施行仁政，廢除嚴刑峻法，減少苛捐雜稅，讓百姓能夠深耕細作、勤除雜草；讓年輕人有時間去學習孝順父母、敬愛兄長、誠信做人、忠於國家的道理；這樣，他們在家時能夠侍奉父母、兄弟，在外面能夠做到侍奉尊長，那麼，

即使他們拿著木棍，也能夠抵抗身披盔甲、手持刀槍的秦、楚等國的軍隊了。」

「秦、楚等國常年徵兵打戰，佔用了百姓的農作時間，使得百姓無法精耕細作來奉養自己的父母。他們的父母受凍挨餓，兄弟、妻子四處流浪。秦、楚等國的君主讓自己的百姓陷入了苦難之中，這時候大王您前去討伐他們，那麼還有誰會願意為他們賣命而和大王您對抗呢？因此古語說：『實行仁政的人是天下無敵的。』因此大王對此就不用再懷疑了。」

【點評】

本章的思想核心是「仁者無敵」，實行仁政是統一天下的根本保證。孟子覺得只要君主能夠施行仁政，那麼就能讓老百姓過上溫飽的生活，並接受到孝悌忠信的教育，這樣就會具有一股內在的凝聚力，可以調動老百姓的積極性，這也是一個強大國家的根基，因此說孟子的觀點還是可用的，而在我國古代也是一直以儒家思想為治國的原則。

孟子的理想是好的，但是有些一廂情願。因為「仁政」只適合國家的休養生息，並不適合戰爭。因為戰爭是為政者求一己之利的表現，戰爭的目的就是掠奪。所以當孟子提出只要推行了「仁政」，只要拿根木棒都可以打敗「堅甲利兵」的，這種忽略軍事建設的行為，是極不可取的。這也是為什麼孟子在當時得不到各國國君重用的原因。

【案例】

仁者行天下

「仁者無敵」，「仁」則是構成了「德」的最重要因素，是一個人具備的品德與修養。

孔子在衛國做官的時候，有一個弟子高柴是衛國刑部的官吏。有一次，高柴審判了一名犯人，並對他處以削足之刑，這個犯人後來做了守城的差役。後來，有人嫉妒孔子，就向衛王告密說：「孔子要謀反。」於是衛王要捉拿孔子一干人等，孔子聞訊立刻逃到其他的國家去了，他的弟子們也各自逃生。高柴怕受到牽連，也想逃出城去，但卻不知道怎麼出去，這時，一差役領著他進入了一個秘密的通道，高柴才得以逃脫了性命。高柴正想要感謝那個差役的救命之恩，卻發現，這名差役正是被自己判處削足之刑的犯人。這名差役不計削足之恨，以「德」報怨，使高柴駭然，連忙問其原因，這時守門人說：「我受削足之刑，那是罪有應得。當日您判我有罪並處以削足之刑的時候，您眼中流露出的哀憐以及臉上閃現出的悲戚之情，至今我謹記在心，不敢一日忘記。現在我救您出關，只不過是回報您的仁愛而已。」

春秋時期，宋襄公伐鄭國，鄭文公求救於楚成王。楚成王沒有直接帶兵去救鄭國，而是統領了士兵直接殺向宋國。

宋襄公連忙帶領宋軍星夜趕回國內。宋軍在泓水邊剛紮好營盤，楚國的兵馬也都來到了對岸。這時公孫固對宋襄公說：「楚軍只是為了救鄭國。現在他們的目的已經達到了。我們兵力小，不如與楚國講和算了。」宋襄公卻說：「楚國雖然人強馬壯。可是他們缺乏仁義。我們雖然兵力單薄，但卻是仁義之師。以不義

之兵又怎能敵得過仁義之師呢？」宋襄公還特意製作了一面大旗，並繡有「仁義」二字。要用「仁義」來戰勝楚國的刀槍。

第二天天亮，宋軍已嚴陣以待，而楚軍卻在渡河。公子目夷對宋襄公說：「楚軍強大，我軍力單，趁敵人立足未穩，發起攻擊，便可取得勝利。」

宋襄公卻指了指車上的「仁義」之旗說：「君子不討伐傷者，不拘捕白髮老人，不陷他人於困境，不逼其到絕地。還是等他們整好隊形，再堂堂正正地擊響戰鼓吧！趁人渡河，發起攻擊，是違反仁義的，我們還算什麼仁義之師啊！」

等到楚軍全部都渡過河，整理好隊伍，宋襄公才令人擊打戰鼓，這時楚軍大隊人馬已經衝殺過來，宋軍大敗。襄公腿負箭傷，在逃回國內的路上還說：「講仁義的軍隊是要以德服人，我是奉以仁義去打仗，不能夠趁人之危去攻打別人！」

中國有句古話說「仁者無敵」，而「仁」則是構成了「德」的最重要因素。孔子為儒家制訂了五種基本德性：溫、良、恭、儉、讓，他認為一個人只有具備了這五種德行後，才可以成為一個完美的人，而這五種德性，又全都是以「仁」字為前提的。

從上面這個故事當中，我們可以看出講「仁義」並不是毫無原則。在許多時候，對對方講「仁義」可以化敵為友，化干戈為玉帛；但是也有一些時候，面對兇狠的敵人，還要去講「仁義」，那就是愚蠢到極點了。

第五篇　以仁定天下

【原文】

　　孟子見梁襄王^①，出，語^②人曰：「望之不似人君，就之^③而不見所畏焉。卒然問曰：『天下惡^⑤乎定？』吾對曰：『定於一。』『孰能一之？』對曰：『不嗜殺人者能一之。』『孰能與之？』對曰：『天下莫不與也。王知夫苗乎？七八月^⑥之間旱，則苗槁矣。天油然作雲，沛然下雨，則苗浡然興之^⑦矣。其如是，孰能禦之？今夫天下之人牧^⑧，未有不嗜殺人者也。如有不嗜殺人者，則天下之民皆引領而望之矣。誠如是也，民歸之，由^⑨水之就下，沛然誰能禦之？』」

——選自《梁惠王章句上》

【注釋】

①梁襄王：梁惠王的兒子，名嗣，西元前318年～前296年在位。

②語（ㄩˋ）：這裡為動詞，告訴。

③就之：靠近。

④卒（ㄘㄨˋ）然：同「猝然」，突然。

⑤惡（ㄨ）：怎樣。

⑥七八月：這裡用的是周朝的曆法。周曆比我們現在用的夏曆（農曆）早兩個月。

　　七八月也就是相當於夏曆的五、六月。這時正是禾苗需要雨水的時候。

⑦浡然興之：浡然同「勃然」，旺盛的樣子。之，在這裡無義，湊個音節。

⑧人牧：管理百姓的人。

⑨由：由同「猶」。

【譯文】

孟子謁見了梁襄王，出來以後，告訴別人說：「站在遠處看梁襄王時，他不像是一個國君的樣子，走到了他身邊，也看不出他有什麼威嚴。他突然對我問道：『怎樣才能使天下安定下來？』

我回答說：『只要天下統一了就可以安定了。』

他問我：『那麼誰可以統一天下呢？』

我回答說：『應該是不喜歡殺人的國君可以使天下統一。』

他又問我：『那麼又有誰會歸附、跟隨他呢？』

我回答說：『天下的人沒有不歸順服從他的。大王您知道禾苗生長的情況嗎？如果在七、八月的時候遇到了天旱，禾苗就會枯槁了。然而這時，天空忽然出現了黑壓壓的烏雲，下起了大雨來，那麼禾苗就又能很快的生長起來。遇到這種情況，又有誰能夠去阻止它生長呢？然而，現在天下的國君還沒有不喜歡隨便殺人的。如果有哪個國君真的做到了不喜歡隨便殺人的，那麼天下的老百姓一定都會伸長了脖子盼望著他來解救他們。如果真是這樣，百姓們都歸順於他，就跟水往低處流，雨水往下落一樣，誰又能阻擋得住啊？』」

【點評】

這章主要是孟子和梁襄王之間圍繞著「定於一」而展開的話題。

從這章的全文上看，我們不難看出，孟子所說的「定於一」是一個比較宏觀的概念，這個「一」我們可以理解為是一個人，也可以理解為是一個國家，還可以理解為是一個主張或者是一個原則。

梁襄王把這個「一」理解為是一個人，所以緊接著就問道：「孰能一之？」在戰國時期，群雄爭霸，這是一個不爭的事實。但問題是誰來統一，如何統一。所以孟子回答說：「不嗜殺人者能一之。」不嗜殺人者，才有可能愛民如子，才會去推行仁政。其實，推行仁政的人肯定是「不嗜殺人」的人，但是「不嗜殺人」的人未必都能夠推行仁政。

接著孟子又拿禾苗來比喻百姓，說了一個簡單的道理：「現在百姓們都生活在苦難之中，若你推行了仁政，那麼大家都會期待你的解救，都會歸順你了。你只要得到了百姓們的擁戴，也就能統一天下了。」這也是體現了孟子的仁政。

【案例】

秦始皇的暴行

在歷史的潮流中，以武力征服而奪得天下的君主不乏其人，但是由於無法使被征服的百姓心悅誠服，結果一些君主便很快地又失去了天下。這其中最著名的莫過於秦始皇所建立的秦王朝。

秦始皇可以算得上是中國歷史上知名度最高的皇帝。他結束了周朝末期以

來，春秋戰國的長期戰亂，完成了全
國的統一大業。然而強大的秦王朝，
卻在始皇帝死後不到三年的時間裡，
就被百姓們的起義所滅亡了。

那麼究竟是什麼原因，讓強大的
秦王朝能如此快速的滅亡呢？其最主
要的原因，就在於他不僅沒有施行仁
政以得民心，反而加重賦役，嚴厲刑
法，同時以更殘暴的手段來壓制百
姓。秦始皇同時還實行了另一種政
策，就是殘酷的中央集權體制。對有
不同意見的人，實行血腥的鎮壓，這
其中最著名的是「焚書坑儒」事件。

還有就是大肆地修建土木工
程，這其中最著名的則是「秦始皇
陵墓」、「阿房宮」以及「萬里長
城」。據《史記》記載，始皇陵的

宮殿，建築於三層水深的地底下，陵墓以全國領土的形狀做為模型，並添設了人
工河流，用水銀灌注其中，使其流動不息；上層以天體為藍圖，以價值連城的寶
石做為閃爍的繁星。陵墓中設有文武百官之席，魚油燈火二十四小時不滅。如果
有盜墓者進入其中，必定會萬箭穿心而死。秦始皇建造此陵墓，前後共達數十年
之久，直到秦始皇死後才完成。能與秦始皇陵墓相媲美的，還有阿房宮。據《史

記‧始皇本紀》記載：阿房宮前殿，東西五百步，南北五十丈，殿中可以同時坐一萬人，殿下可以樹立起五丈高的大旗。四周為閣道，自殿下直抵南山，又在南山的山巔建造宮闕，又修復道，自阿房宮渡過渭水直達咸陽。阿房宮十分宏偉，相傳阿房宮有大小殿堂七百餘所，就算是同一天之中，各殿的氣候也都不盡相同。宮中的珍寶則堆積如山，美女們也是成千上萬，據說秦始皇一天住一處，直到他死了也沒能把宮室全住遍。此外，秦始皇最著名的建築就是「萬里長城」。秦始皇將戰國時各國已有的長城聯結起來，構成了長達萬里的長城。以防禦北方的少數部落。

秦始皇如此大興土木，使得國家民力、財力耗盡，民不聊生。這時秦國人口不過只有兩千萬左右，然而卻動用了三百多萬的勞動力來建造陵墓、阿房宮、長城等建築，這佔秦王朝當時全部人口的近百分之十五，而且全都是青壯年，這樣就導致了農業經濟的發展遭到嚴重損害。而且戍邊者十之五六不能生還，服勞役的人，多數死於途中或死於工程之中，給人民帶來了巨大的災難。秦王朝又加以沉重的賦役，嚴酷的制度，使秦始皇徹底失去了民心，更談不上收服民心了。結果，在他駕崩之後，各地便出現了強大的反秦浪潮，秦王朝也終於走上了滅亡的路途。

後來的歷代統治者在奪得天下之後，都採取柔順的方式收服民心，以望達到長久統治的目的。其中漢朝統治者提出了王霸、德刑、文武、恩威並施，用軟硬兼施來統治國家或者和別的國家進行交流。這裡硬的一面指的就是用強大的實力，來迫使對方屈服，而軟的一面則是用仁德的政治來收取民心。這是古代統治者在歷史的潮流中，總結出的經驗和統治的藝術。而這種統治藝術在現代政治、經濟生活中，仍然適用。

第六篇 國泰則民安

【原文】

齊宣王①問曰：「齊桓、晉文②之事可得聞乎？」

孟子對曰：「仲尼之徒，無道桓文之事者，是以後世無傳焉，臣未之聞也。無以③，則王乎？」

曰：「德何如則可以王矣？」

曰：「保④民而王，莫之能禦⑤也。」

曰：「若寡人者，可以保民乎哉？」

曰：「可。」

曰：「何由知吾可也？」

曰：「臣聞之胡齕⑥曰，王坐於堂上，有牽牛而過堂下者，王見之，曰：『牛何之⑦？』對曰：『將以釁鐘⑧。』王曰：『舍之！吾不忍其觳觫⑨，若無罪而就死地。』對曰：『然則廢釁鐘與？』曰：『何可廢也？以羊易之！』不識有諸⑩？」

曰：「有之。」

曰：「是心足以王矣。百姓皆以王為愛⑪也，臣固知王之不忍

也。」

王曰：「然；誠有百姓者。齊國雖褊⑫小，吾何愛一牛？即不忍其觳觫，若無罪而就死地，故以羊易之也。」

曰：「王無異⑬於百姓之以王為愛也。以小易大，彼惡知之？王若隱⑭其無罪而就死地，則牛羊何擇焉？」

王笑曰：「是誠何心哉？我非愛其財而易之以羊也。宜乎百姓之謂我愛也。」

曰：「無傷也，是乃仁術也！見牛未見羊也。君子之於禽獸也，見其生，不忍見其死；聞其聲，不忍食其肉。是以君子遠⑮庖廚也。」

王說⑯曰：「《詩》⑰云：『他人有心，予忖度⑱之。』夫子之謂也。夫我乃行之，反而求之，不得吾心。夫子言之，於我心有戚戚⑲焉。此心之所以合於王者，何也？」

曰：「有復於王者曰：『吾力足以舉百鈞⑳，而不足以舉一羽；明足以察秋毫之末㉑，而不見輿薪㉒。』則王許㉓之乎？」

曰：「否。」

「今恩足以及禽獸，而功不至於百姓者，獨何與？然則一羽之不舉，為不用力焉；輿薪之不見，為不用明焉；百姓之不見保，為不用恩焉。故王之不王，不為也，非不能也。」

曰：「不為者與不能者之形何以異？」

曰：「挾泰山以超北海[24]，語人曰：『我不能。』是誠不能也。為長者折枝[25]，語人曰：『我不能。』是不為也，非不能也。故王之不王，非挾泰山以超北海之類也；王之不王，是折枝之類也。」

「老吾老，以及人之老；幼吾幼，以及人之幼。天下可運於掌。《詩》云，『刑於寡妻[26]，至於兄弟，以禦於家邦。』言舉斯心加諸彼而已。故推恩足以保四海，不推恩無以保妻子。古之人所以大過人者，無他焉，善推其所為而已矣。今恩足以及禽獸，而功不至於百姓者，獨何與？

權[27]，然後知輕重；度[28]，然後知長短。物皆然，心為甚。王請度之！

抑王興甲兵，危士臣，構怨[29]於諸侯，然後快於心與？」

王曰：「否，吾何快於是？將以求吾所大欲也。」

曰：「王之所大欲可得而聞與？」

王笑而不言。

曰：「為肥甘[30]不足於口與？輕暖[31]不足於體與？抑為采色[32]不足視於目與？聲音不足聽於耳與？便嬖[33]不足使令於前與？王之諸臣，皆足以供之，而王豈為是哉？」

曰：「否，吾不為是也。」

曰：「然則王之所大欲可知已，欲辟^㉞土地，朝^㉟秦、楚，蒞^㊱中國而撫四夷也。以若^㊲所為求若所欲，猶緣木而求魚也。」

王曰：「若是其甚與^㊳？」

曰：「殆有^㊴甚焉。緣木求魚，雖不得魚，無後災。以若所為求若所欲，盡心力而為之，後必有災。」

曰：「可得聞與？」

曰：「鄒^㊵人與楚人戰，則王以為孰勝？」

曰：「楚人勝。」

曰：「然則小固不可以敵大，寡固不可以敵眾，弱固不可以敵強。海內之地，方千里者九，齊集有其一。以一服八，何以異於鄒敵楚哉？盍^㊶亦反其本矣。」

「今王發政施仁，使天下仕者皆欲立於王之朝，耕者皆欲耕於王之野，商賈皆欲藏於王之市，行旅皆欲出於王之途，天下之欲疾^㊷其君者皆欲赴愬^㊸於王。其若是，孰能禦之？」

王曰：「吾惛^㊹，不能進於是矣。願夫子輔吾志，明以教我。我雖不敏，請嘗試之。」

曰：「無恆產而有恆心者，惟士為能。若^㊺民，則^㊻無恆產，因

無恆心。苟無恆心，放辟邪侈，無不為已。及陷於罪，然後進而刑之，是罔^㊼民也。焉有仁人在位，罔民而可為也？是故明君制^㊽民之產，必使仰足以事父母，俯足以畜^㊾妻子，樂歲終身飽，凶年免於死亡；然後驅而之善，故民之從之也輕。」

「今也制民之產，仰不足以事父母，俯不足以畜妻子，樂歲終身苦，凶年不免於死亡。此惟救死而恐不贍^㊿，奚^㉛暇治禮義哉？」

「王欲行之，則盍反其本矣。五畝之宅，樹之以桑，五十者可以衣帛矣。雞豚狗彘之畜，無失其時，七十者可以食肉矣。百畝之田，勿奪其時，八口之家可以無飢矣。謹庠序之教，申之以孝悌之義，頒白者不負戴於道路矣。老者衣帛食肉，黎民不飢不寒，然而不王者，未之有也。」

——選自《梁惠王章句上》

【注釋】

①齊宣王：齊威王的兒子，田辟疆（？～西元前301年）。西元前319年即位，是田氏齊國的第五代國君。

②齊桓、晉文：齊桓公，春秋時齊國國君姜小白。晉文公，春秋時晉國國君姬重耳，他們在春秋時期先後稱霸。

③無以：不得已。「以」同「已」。

④保：安。

⑤禦：止。

⑥胡齕（ㄏㄜˊ）：人名，是齊宣王的近臣。

⑦何之：往哪裡去。之，動詞，去、往的意思。

⑧釁（ㄒㄧㄣˋ）鐘：釁，古代的一種祭禮。釁鐘，新鑄成的鐘，要殺牲取血塗在鐘
　　上，新鐘才可以使用。

⑨觳（ㄏㄨˊ）觫（ㄙㄨˋ）：驚恐顫慄的樣子。

⑩諸：「之乎」的合音。

⑪愛：吝嗇，不捨得。

⑫褊（ㄅㄧㄢˇ）：小。

⑬異：動詞，奇怪、驚異。

⑭隱：憐憫、哀痛。

⑮遠：這裡用作動詞，遠離的意思。

⑯說（ㄩㄝˋ）：同「悅」，高興。

⑰《詩》：見《詩經·小雅·巧言》。

⑱忖（ㄘㄨㄣˇ）度（ㄉㄨㄛˋ）：揣想、猜測。

⑲戚戚：心有所動的樣子。

⑳鈞：三十斤。

㉑秋毫之末：鳥獸在秋天新生的絨毛，後常指極細微的東西。

㉒輿薪：一車柴火。輿，車。

㉓許：聽信。

㉔挾太山以超北海：太山即泰山，北海即渤海，比喻事情很難做到。

㉕折枝：折取樹枝。

㉖刑於寡妻：出自《詩經·大雅·思齊》。「刑」同「型」，示範。寡，正。這句話

　　的意思是給他的妻子做示範。

㉗權：古謂之銓衡。銓，秤。衡，秤錘。這裡是指秤量。

㉘度：丈尺，可以量長短。

㉙構怨：結成怨恨。

㉚肥甘：甜美可口的食物。

㉛輕暖：輕便暖和的衣服。

㉜采色：彩色。

㉝便（ㄆㄧㄢˊ）嬖（ㄅㄧˋ）：受到寵信的人。

㉞辟：開闢。

㉟朝：使動用法，讓其朝覲。

㊱莅（ㄌㄧˋ）：臨。

㊲若：如此。

㊳若是其甚與：有這樣嚴重嗎？

㊴殆有：殆，可能、或者，大概。「有」同「又」。

㊵鄒：國名，就是邾國，在今山東鄒縣的東南。

㊶盍（ㄏㄜˊ）：「何不」的合音。「蓋」同「盍」。

㊷疾：怨恨、憤恨。

㊸愬：同「訴」。

㊹惽：同「昏」，糊塗。

㊺若：轉折連接詞，至於。

㊻則：假設連接詞，如果，假如。

㊼罔：同「網」，陷害。

㊽制：規定制度。

㊾畜：撫養。

㊿贍（ㄕㄢˋ）：足夠。

(51)奚：疑問代名詞，哪裡。

【譯文】

齊宣王問孟子道：「春秋時的齊桓公、晉文公稱霸於諸侯的事情，您可以講給我聽聽嗎？」

孟子回答道：「孔子的學生們都沒有談論過齊桓公、晉文公的事情，所以後世也就沒有流傳下來了，而我也從來沒有聽說過。如果大王您一定要我講的話，那我就談一談用仁德統一天下的『王道』吧！」

齊宣王又問：「要具有什麼樣的仁德，才能施行王道，統一天下呢？」

孟子回答道：「愛護百姓，使百姓們安居樂業，過著安定的生活，以此為目的，這樣再去統一天下，就沒有人能夠阻擋得住了。」

齊宣王又問道：「就拿我來說，能夠使百姓們安居樂業，過上安定的生活嗎？」

孟子說：「可以做到的。」

齊宣王問：「您憑什麼知道我可以做到呢？」

孟子說：「我曾聽胡齕說：有一天大王您坐在堂上，有個人牽著牛從堂下走過，您就問他：『你要把牛牽到哪兒去？』那人回答說：『準備用牠的血來祭

鐘。』大王說：『放了牠吧！我都不忍心看到牠在發抖的樣子，這樣毫無罪過的就讓屠場裡的屠夫們殺掉。』那人又問：『那麼，難道也要把祭禮新鐘的儀式一起廢除了嗎？』您回答說：『怎麼可以廢除呢？以後就用羊來頂替牠吧！』不知道是不是有這件事？」

齊宣王說：「是有這麼回事。」

孟子說：「只要有這樣的善心就足以統一天下啦！做這件事（用羊代牛祭鐘）的時候，百姓都以為大王是吝嗇的，而我一開始就知道這是大王的於心不忍啊！」

齊宣王說：「是啊，的確有很多的百姓這樣議論我。齊國雖然不算很大，可是我還不至於吝嗇一頭牛吧？我就是因為不忍心看到牠那可憐發抖的樣子，而且沒有罪過就被屠夫們殺掉，所以才用羊去替代牠的。」

孟子說：「大王不必因為百姓認為您吝嗇而去埋怨。其實您用小羊換大牛，百姓們又哪能知道您的真實想法呢？如果大王真的是可憐牛無辜被殺，那麼現在（羊替代牛）羊和牛又有什麼區別呢？」

齊宣王笑著說：「這到底是怎樣的一種心理呢？但我確實不是因為吝惜財物而以羊換牛的啊！這也難怪百姓們現在都認為我是吝嗇的。」

孟子說：「這沒什麼關係，對您並沒有影響。您的不忍心正是您仁愛之心的表現，當時您只看到了牛並沒有看到羊啊！君子對於禽獸，只要看到牠們活蹦亂跳的，就會不忍心看到牠們死去；聽到牠們臨死前的哀叫悲鳴，就不忍心再去吃牠們的肉。正因為這樣，所以君子都把廚房安置在離自己較遠的地方。」

齊宣王高興地說：「《詩經》中說道：『別人在想些什麼，我能揣測到。』說的就是您啊！我雖然都這樣做了，有時候問問自己為什麼要這麼做，自己心裡也說不清楚。現在您說的這一番話，使我一下子明白過來了。那麼，我的這種心情能與王道相結合，這又是什麼道理呢？」

孟子說：「如果有個人告訴大王說：『我的力氣可以舉起三千斤的東西，卻不能舉起一根羽毛；我的眼睛可以看見秋天野獸新生的絨毛，但是卻看不見一車子的柴火。』大王您會相信他說的話嗎？」

齊宣王說：「不會。」

孟子說：「大王的恩惠可以施行到禽獸身上了，但是百姓們卻享受不到恩惠，這是為什麼呢？這樣說來，舉不起來一根羽毛，是因為不肯用力氣的緣故；看不見一車的柴火，是不肯用眼睛看的緣故；百姓們不能安居樂業，是因為您不肯施恩惠的緣故。所以說，大王您現在沒有用仁政去統一天下，不是您做不到，而是您不願去做的緣故啊！」

齊宣王又問道：「不去做和不能做，這兩者之間的表現有什麼不同嗎？」

孟子說：「讓一個人用胳膊夾著泰山去跨越北海，這個人對別人說：『這個我做不到。』這確實是真的做不到。然而要是給年長的人去折取樹枝，也對別人說：『這個我做不到。』那麼這就是不去做，而不是說做不到。所以說，大王您現在不用仁政來統一天下，這就不屬於夾著泰山跳越北海一類；而是屬於不為長者去折取樹枝這一類了。」

孟子又說：「敬愛自己的長輩，進而也會敬愛別人的長輩；愛護自己的孩

子，進而也會愛護別人的孩子。如果能夠做到這樣了，那麼統一天下就像在掌心中隨意擺弄東西那麼容易了。《詩經》上說：『先給自己的妻子做榜樣，再讓他的兄弟也受到影響，進而推廣到治理國家。』說的就是把這樣的好心推廣到各個方面就行了。所以說，如果恩惠被推廣開了，那就足以安定天下，相反，要是不能推廣恩惠的，連妻子、兒女也保全不了。古代的聖賢們之所以遠遠超過一般人，沒有其他的原因，只是善於推廣他們的善行而已。現在大王的恩惠都已經施行在禽獸的身上，然而百姓們卻享受不到恩惠，這究竟是為什麼呢？

用秤稱過，然後才知道輕重；用尺子量過，然後才知道長短。不管什麼都是這樣，人心更需要這樣。請大王您仔細地考慮一下吧！

大王您難道還想興師動眾，讓將士們冒著死亡的危險，去和別的國家結下怨恨後，這樣您心裡才痛快嗎？」

齊宣王說：「不會的，這種做法我怎麼會感到痛快呢？我只是想透過這樣來追求我最大的願望。」

孟子問：「那麼大王您最大的願望是什麼，可以說給我聽聽嗎？」

齊宣王只是笑了笑，並沒有回答。

孟子問：「是為了美味的食物不夠享受嗎？還是輕暖的衣服不夠穿嗎？還是豔麗的色彩不夠觀賞嗎？還是美妙的音樂不夠聆聽嗎？還是侍從不夠使喚嗎？然而所有的一切，大王的大臣們都會盡量地滿足您，難道大王您真的就是為了這些嗎？」

齊宣王說：「不，我不是為了這些。」

孟子說：「這樣看來，大王的最大心願我可以猜到了，那就是您想擴張領土，使秦國、楚國都來向您朝拜，您想做天下的盟主，然後安撫周邊的落後民族。不過說實話，用您現在的行為，去追求實現您的願望，就好像是要爬上樹去捉魚一樣。（絕對實現不了的）」

齊宣王說：「真有您說的那麼嚴重嗎？」

孟子說：「恐怕比我說的還要嚴重吧！爬上樹去抓魚，雖然會抓不到魚，但是卻也不會有後患。但是要是按照您的做法去實現您的願望，雖然用盡心機、盡心竭力的去做了，不但願望實現不了，而且以後還不知道會發生什麼災禍。」

齊宣王問：「我想聽其中的道理，可以談談嗎？」

孟子說：「假如鄒國要是和楚國打仗，大王您認為誰能勝利呢？」

宣王說：「肯定是楚國勝。」

孟子說：「如此看來，小國根本是抵擋不住大國的，人少的國家本來就不能和人多的國家敵對，弱小的國家當然也不能與強大的國家敵對。現在天下有九百萬平方里，而齊國的土地全部湊集在一起，也只是佔了九分之一。就靠這九分之一的力量去征服另外的九分之八的國家，這跟鄒國和楚國打仗有什麼區別呢？那麼大王您為什麼不從根本上去解決問題呢？如果大王現在發佈政令、施行仁政，就會讓天下的君子們都想來齊國做官，種地的農民們都想到大王的土地上來務農，商賈們都想到大王的市場上來做買賣，旅客們也都想從大王的道路上來往，天下對自己國家的君王不滿意的人，都會來您這裡向您申訴。如果真能做到這樣，天下就沒有人可以和您相比了，那麼又有誰能抵擋得住大王您統一天下

呢？」

齊宣王說：「我現在滿腦昏亂，恐怕不能對您的理想再有進一層的體會。希望您能輔佐我來實現自己的願望，明明白白地教導我怎樣做。我雖然有點愚鈍，但是也還是想試一試。」

孟子說：「沒有固定的產業和平穩的收入，卻又能堅持一定的道德觀念和行為準則，只有士人才能夠做到。如果一般的老百姓，要是沒有了固定的產業和收入，那麼就會失去了道德觀念和行為準則。如果沒有了道德觀念和行為準則的約束，他們就會胡作非為，違法亂紀，不管什麼壞事都做的出來。等到他們犯了罪，再用刑法處置，這就像是設下了陷阱坑害百姓一樣。哪有仁愛的國君執政會用這種方法治理他的國家呢？所以聖明的國君，總是想讓百姓們有自己固定的產業和收入，這樣就可以使百姓們對上能夠奉養父母，對下則能夠養活妻兒，在豐收年份裡可以豐衣足食，遇到了災年也能夠不會被餓死。在這樣的情況下，如果再讓百姓們受到教育，就會很容易的歸順於您了。

可是現在呢？百姓們的固定產業和收入，上既不能夠奉養父母，下又不能夠養活妻兒，就算是豐收年份也還是生活艱苦，要是再遇上了災年還說不定會被餓死。在這種情況下，百姓們哪還有空閒去講求禮義道德呢？

大王您要是真的想施行仁政，那麼為何不從根本做起呢？每家給他五畝土地的住宅，在有五畝大的宅園裡，都種上了桑樹，那麼五十歲以上的人就可以穿上絲綢棉襖了。雞、豬和狗等禽畜，都有能力去飼養、繁殖，那麼七十歲的人就可以吃上肉了。如果一家有一百畝的田地，只要不去耽誤他們耕種的時間，那麼八口人的家庭就可以不挨飢餓了。然後認真地做好學校教育，讓百姓們都知道並且

懂得孝敬父母、敬愛兄長的道理，那麼，頭髮花白的老人也就不用拿著重物趕路了。這樣老年人有好衣服穿、有肉吃，百姓們也餓不著、凍不著，要是做到了這樣了還不能稱王於天下，是從來都不曾有過的事。」

【點評】

孟子在這章給我們描繪了一個百姓們安居樂業，社會道德高尚，帶有浪漫色彩的國家。在這個國家裡國君有仁愛之心，且能「施恩」於百姓；國家還有強大的凝聚力和吸引力，做官的、耕作的都想來，商人、旅行者都願意來，而天下的「疾其君者」也都歸附過來；同時這個國家的人民生活富足，百姓們都有自己的固定產業，足溫飽，知孝悌，懂禮節，不僅是自己的家中和睦，而且所有的人都充滿愛心，整個社會也不再有受難的人。這個國家是國泰民安，天下太平。

而要實現上面所說的國家，孟子主張實行「王道」（這與「霸道」是相對立），制民產，省刑薄賦，謹庠序之教，申孝悌之義，就是實行「仁政」。一個國家的國君只有實行「仁政」、「王道」，才能達到一統天下的目的。他以「平治天下」為己任，反對「霸道」，推廣以仁義為中心的「仁政」、「王道」。 但是他所描述的理想社會，在古代，尤其是在當時非常崇拜「霸道」之風的社會，是不可能會實現的。

孟子的這篇文章淺近如話，寓意深遠。他善於辯論，善用譬喻。而他的文章也是氣勢磅礡，感情奔放，對後世散文有著很大的影響。

【案例】

劉邦與百姓的「約法三章」

秦始皇死後，他的兒子胡亥即位，稱為二世。這時的天下已經不太平。各地的起義不斷。

劉邦在沛縣起兵後，召集了兩三千人，攻佔了自己的家鄉豐邑（今江蘇豐縣），並以豐邑為根據地，以蕭何、曹參、樊噲等為左右手。大家都稱他為「沛公」。

後來，劉邦和項羽同在楚懷王旗下共事。

秦二世二年（西元前208年），楚懷王在彭城召開會議，懷王對眾宣佈：「你們現在出去南征北戰，勝負不知，將來誰能首先打入關中，誰就當關中王。」

於是劉邦一路引兵西下，接連攻下陳留城、開封、滎陽、洛陽、南陽郡首府宛城、析縣、酈縣等地，而北方的項羽也大破秦兵於臣鹿，章邯已帶二十萬人投降。當時，趙高已經殺死了秦二世。趙高由於害怕項羽大軍來攻打咸陽，於是暗派使者和劉邦談判，商量如何瓜分關中、兩人利益均等的事。劉邦假意同意趙高的主張，但是卻消滅了武關和曉關的兩支秦軍，直向咸陽進軍。

漢高祖元年（西元前206年），劉邦的軍隊進入咸陽，秦王子嬰帶著秦朝的大

臣，拿著皇帝的玉璽、兵符和節杖，向沛公投降。

這時劉邦手下的將軍主張把子嬰殺了，但劉邦卻說：「楚懷王派我攻打咸陽，就是相信我能待人寬厚；再說他們都已經投降了，再殺他也不好。」說完，他把子嬰交給將士看管。又吩咐將士封了倉庫，才帶著士兵回到了壩上。

外邊的百姓看見劉邦在宮殿裡只轉了一圈，就又出來回到壩上了，於是他們都說劉邦是財色不沾的大聖人，從來沒有見過這樣的仁義之師。於是便牽著豬、羊，抬著美酒，絡繹不絕地到壩上去慰勞劉邦的軍隊。劉邦一看，立刻擺出一副慈厚長者的樣子，對關中百姓們說：「我們吃用一概不缺，絕不能再讓百姓們破費，懷王已經和我們約定好了，誰先入關誰就是關中王。所以從今以後，我就是你們的大王了。以前秦朝的殘酷法令把你們害苦了，現在我跟大家約定三條法令：第一，殺人的償命；第二，打傷人的辦罪；第三，偷盜的辦罪。除了這三條，其他秦國的法律、禁令，一律廢除。」說罷立即派人帶著大批告示到各城鎮、鄉村張貼頒發，使關中的百姓們安定了下來。

百姓聽了劉邦的「約法三章」，都非常的高興，沒有一個人不盼著劉邦能當上關中王。劉邦的進入關中和與百姓們的約法三章，也為他日後打敗項羽奠定了堅實的基礎。經過四、五年的楚漢戰爭之後，劉邦戰勝了項羽。西元前202年，劉邦建立漢朝，定都洛陽，登上了皇帝的寶座。

劉邦當上皇帝以後，由於連年的征戰，整個國家千瘡百孔，不但有人民大量的逃亡，生產也基本上荒廢，而糧食又奇缺，人民的生活十分的困難。所以，安撫流亡，恢復和發展農業生產，就成為劉邦鞏固統治的當務之急。

於是頒佈了「復故爵田宅」的命令，號召逃亡在外的百姓們回到故鄉，恢復

農業生產；同時又讓追隨他打天下的士兵復員回鄉進行農業生產；又鼓勵生育人口，凡生兒子的家庭，可以免除兩年的徭役。透過這些方法，以解決勞動力不足的問題。而對於賦稅，田租只收產量的十五分之一。對於遭受戰亂比較嚴重或臨時受到災害的地區，他還經常免除其租稅。劉邦實行輕徭薄賦的制度，減輕了人民的負擔，這對於漢初經濟的發展和穩定起到了十分重要的作用。

秦始皇實行的是「霸道」，並用「霸道」統一了天下，但是卻只是短短的十幾年的時間，就被百姓的起義推翻了。而劉邦實行的是「王道」，他制民產，省刑薄賦，使天下百姓歸順於他。這就是「王道」和「霸道」的不同了。

第七篇　　獨樂樂與眾樂樂

【原文】

莊暴①見孟子，曰：「暴見於王②，王語暴以好樂③，暴未有以對也。」曰④：「好樂何如？」

孟子曰：「王之好樂甚，則齊國其庶幾⑤乎！」

他日，見於王曰：「王嘗語莊子以好樂，有諸？」

王變乎色⑥，曰：「寡人非能好先王之樂也，直⑦好世俗之樂耳。」

曰：「王之好樂甚，則齊其庶幾乎！今之樂由⑧古之樂也。」

曰：「可得聞與？」

曰：「獨樂樂⑨，與人樂樂，孰樂？」

曰：「不若與人。」

曰：「與少樂樂，與眾樂樂，孰樂？」

曰：「不若與眾。」

「臣請為王言樂。今王鼓樂於此，百姓聞王鐘鼓之聲，管籥⑩之

音，舉疾首蹙頞⑪而相告曰：『吾王之好鼓樂，夫何使我至於此極也？父子不相見，兄弟妻子離散。』今王田獵⑫於此，百姓聞王車馬之音，見羽旄⑬之美，舉疾首蹙頞而相告曰：『吾王之好田獵，夫何使我至於此極也？父子不相見，兄弟妻子離散。』此無他，不與民同樂也。

今王鼓樂於此，百姓聞王鐘鼓之聲，管籥之音，舉欣欣然有喜色而相告曰：『吾王庶幾無疾病與，何以能鼓樂也？』今王田獵於此，百姓聞王車馬之音，見羽旄之美，舉欣欣然有喜色而相告曰：『吾王庶幾無疾病與，何以能田獵也？』此無他，與民同樂也。今王與百姓同樂，則王矣。」

【注釋】

①莊暴：齊國大臣。

②王：指齊宣王。

③好樂（ㄩㄝˋ）：喜愛音樂。

④曰：一人說話中間加個「曰」字，就表示說話的時候有所停頓。這是古代的修辭手法。

⑤庶幾：差不多。

⑥變乎色：變了臉色。這裡指的是不好意思。

⑦直：同「只」。

⑧由：同「猶」。

⑨樂（ㄩㄝˋ）樂（ㄌㄜˋ）：前一個樂為音樂的意思。後一個樂為快樂的意思。

⑩管籥（ㄩㄝˋ）：古管樂器名。和現在的蕭、笙差不多。

⑪蹙頞（ㄜˋ）：蹙，縮皺；頞，鼻樑。

⑫田獵：打獵。

⑬羽旄（ㄇㄠˊ）：鳥羽和旄牛尾，古人用作旗幟上的裝飾，也可代指旗幟、儀仗。

【譯文】

莊暴見孟子，對他說：「我被齊王召見，齊王告訴我說他很喜歡音樂，我不知怎樣回答他。」接著又說：「喜歡音樂到底好不好？」

孟子說：「如果齊王真的非常喜歡音樂的話，那麼齊國應該有希望了！」

有一天，孟子被齊王召見，問齊王：「大王可曾對莊暴說自己喜歡音樂，不知道有沒有這回事？」

齊王的臉色變得很不自然，不好意思的說：「我並不喜歡先王們留下來的古樂，只是喜歡些流行於世俗的音樂。」

孟子說：「如果大王真的非常喜歡音樂的話，那麼齊國應該有希望了！因為現在的音樂和古代的音樂都是一樣的。」

齊王說：「您可以把其中的道理說給我聽聽嗎？」

孟子問：「一個人欣賞音樂的快樂，和與別人一起欣賞音樂的快樂，這兩種哪一種更快樂？」

齊王說：「當然是和別人一起欣賞音樂會更快樂。」

孟子又問：「和少數的人一起欣賞音樂的快樂，和與多數的人一起欣賞音樂的快樂，這兩種又是哪一種更快樂？」

齊王說：「當然是和多數的人一起欣賞音樂會更快樂。」

孟子又說道：「那麼請讓我為大王說說音樂的樂趣吧！假如大王您現在在這裡奏樂，而百姓們聽了大王鐘鼓、簫笛的聲音後，全都眉頭緊皺，心煩頭痛，相互議論說：『我們君王這麼喜愛音樂，但又是為什麼會使我們痛苦到這種地步？父子不能相見，兄弟、妻兒四處離散。』假如大王現在在這兒打獵，百姓們聽到大王車馬的聲音，看到華美的旗幟，全都眉頭緊皺，心煩頭痛，相互議論說：『我們君王這麼喜歡打獵，但又是為什麼會使我們痛苦到這種地步？父子不能相見，兄弟、妻兒四處離散。』百姓們為什麼會這樣呢？沒有別的原因，只是因為大王您不能與民同樂的緣故。

假如大王現在在這裡奏樂，百姓們聽到鐘鼓、簫笛的聲音後，都喜形於色，互相議論說：『我們大王身體肯定很健康，要不然怎麼會奏樂呢？』假如大王現在在這兒打獵，百姓們聽到大王車馬的聲音，看到華美的旗幟，都喜形於色，互相議論說：『我們大王身體肯定很健康，要不然怎麼會去打獵呢？』百姓們都如此的快樂，這其中沒有別的原因，是因為大王能與民同樂的緣故。如果大王現在能和百姓共同快樂，那麼就可以稱王於天下了。」

【點評】

本文是對話體議論文，從中顯示了孟子高超的論辯藝術。孟子藉由齊王對音樂的喜愛，提出他的治國之道。從「獨樂樂不如眾樂樂」的觀念中生發出更高

層次的治國之法，讓齊王瞭解，賢明的君王，應當能夠讓百姓因為他的快樂而快樂，也就是「與民同樂」。

最後兩段運用了對比的方式，讓齊王感受到了就算是君王享受同樣的活動，但是卻會引起百姓們不同的感受。進而突出了主題。

其實真正的快樂是與人一起分享，而不是建立在別人的痛苦之上。所以只有當大家都感覺到快樂了，那才是真的快樂。

【案例】

歐陽修的眾樂觀

歐陽修的《醉翁亭記》相信大家都讀過吧！

「環滁皆山也。其西南諸峰，林壑尤美。望之蔚然而深秀者，琅琊也。山行六七里，漸聞水聲潺潺，而瀉出於兩峰之間者，釀泉也。峰迴路轉，有亭翼然臨於泉上者，醉翁亭也。作亭者誰？山之僧智仙也。名之者誰？太守自謂也。太守與客來飲於此，飲少輒醉，而年又最高，故自號曰『醉翁』也。醉翁之意不在酒，在乎山水之間也。山水之樂，得之心而寓之酒也。

若夫日出而林霏開，雲歸而巖穴暝，晦明變化者，山間之朝暮也。野芳發而幽香，佳木秀而繁陰，風霜高潔，水落而石出者，山間之四時也。朝而往，暮而歸，四時之景不同，而樂亦無窮也。

至於負者歌於途，行者休於樹，前者呼，後者應，傴僂提攜，往來而不絕者，滁人遊也。臨溪而漁，溪深而魚肥；釀泉為酒，泉香而酒洌；山餚野蔌，雜

然而前陳者，太守宴也。宴酣之樂，非絲非竹，射者中，弈者勝，觥籌交錯，起坐而喧嘩者，眾賓歡也。蒼顏白髮，頹然乎其間者，太守醉也。

已而夕陽在山，人影散亂，太守歸而賓客從也。樹林陰翳，鳴聲上下，遊人去而禽鳥樂也。然而禽鳥知山林之樂，而不知人之樂；人知從太守遊而樂，不知太守之樂其樂也。醉能同其樂，醒能述以文者，太守也。太守謂誰？盧陵歐陽修也。」

這是一篇描寫與民同樂，獨樂樂不如眾樂樂的精美散文。

一個人在家喝酒又怎麼會快樂呢？於是便和朋友，出外交遊，寄情於山水之間，且行山水之樂。自己和朋友在大自然的懷抱下樂亦無窮。到後來連百姓們也都來了，不管是認識的還是不認識的。最後都在「其樂融融」的氛圍下，各自回家。

其實獨樂樂不如眾樂樂和與民同樂，大體上是一致的，它們之間是一個連體，都是我中有你，你中有我的。只有在這種大的氛圍下，才會體現出一個領導者是否能得民心。

第八篇　交鄰國有道乎

【原文】

齊宣王問曰：「交鄰國有道①乎？」

孟子對曰：「有。惟仁者為能以大事②小，是故湯事葛③，文王事混夷④。惟智者為能以小事大，故太王事獯鬻⑤，勾踐事吳⑥。以大事小者，樂天⑦者也；以小事大者，畏天者也。樂天者保天下，畏天者保其國。《詩》云：『畏天之威，於時⑧保之。』」

王曰：「大哉言矣！寡人有疾，寡人好勇。」

對曰：「王請無好小勇。夫撫劍疾視⑨，曰：『彼惡敢當我哉！』此匹夫之勇，敵一人者也。王請大之！《詩》云⑩：『王赫斯⑪怒，爰⑫整其旅，以遏徂莒⑬，以篤周祜⑭，以對於天下。』此文王之勇也。文王一怒而安天下之民。《書》⑮曰：『天降下民，作之君，作之師⑯，惟曰其助上帝寵之，四方有罪無罪惟我在，天下曷⑰敢有越厥⑱志？』一人衡行⑲於天下，武王恥之。此武王之勇也。而武王亦一怒而安天下之民。今王亦一怒而安天下之民，民惟恐王之不好勇也。」

——選自《梁惠王章句下》

【注釋】

①道：原則、規則。

②事：侍奉。

③湯事葛：湯，即商朝的創建者成湯。葛，古國名，故城在今河南寧陵縣北。

④混夷：即昆夷，殷末周初西戎國名。

⑤太王事獯鬻：太王亦作大王，是周文王的祖父古公亶父，周族首領。獯鬻（ㄒㄩㄣ
　　ㄩˋ）：古代北方的一個少數民族，周稱獫狁（ㄒㄧㄢˇ ㄩㄣˇ），秦漢時稱匈奴。

⑥勾踐事吳：春秋時越王勾踐被吳國夫差打敗，勾踐屈辱事吳，後臥薪嚐膽，發憤圖
　　強，終於滅掉吳國。

⑦樂天：符合自然客觀規律。

⑧《詩》云：出自《詩經·周頌·我將》，「於時」同「於是」。

⑨疾視：怒目而視。

⑩《詩》云：出自《詩經·大雅·皇矣》。

⑪赫斯：赫然斯怒，發怒的樣子。

⑫爰：於是。

⑬以遏徂莒：遏，阻止；徂，往；莒，殷末國名，在今山東。

⑭以篤周祜：篤，厚。祜，福。這句話的意思是增加周國的威信。

⑮《書》：為偽古文《尚書·泰誓》上篇。

⑯作之君，作之師：「之」指的是百姓，作，這裡是同「降」的意思。

⑰曷：同「何」。

⑱厥：這裡的用法同「其」。

⑲一人衡行：一人：指殷紂王。衡，同「橫」。

【譯文】

齊宣王問道:「和鄰國交往有什麼規則和方法嗎?」

孟子答道:「有的。只有仁德的國君才會以大國的身分侍奉小國,所以才會有商湯侍奉葛伯,周文王侍奉混夷。只有又聰明又有智慧的國君才會以小國的身分去侍奉大國,所以才會有周太王侍奉獯鬻,勾踐服事吳國夫差。能以大國的身分侍奉小國的,是樂於聽天由命的人;能以小國身分侍奉大國的,是敬畏天命的人。樂於順從天命的能夠保有天下,敬畏天命的能保有自己的國家。《詩經》上說:『只有敬畏上天的威嚴,於是才能夠把天下保住。』」

齊宣王說:「您講得太高明了!只不過我有個毛病,比較喜歡勇敢。」

孟子回答道:「那麼我希望大王您不要喜歡小勇。有的人手按著利劍、怒目而視的說:『你們誰敢來惹我!』這是平常之人的匹夫之勇,只能對付一個敵人而已。希望大王您能擁有大勇!《詩經》上說:『文王勃然動怒的時候,於是整頓軍備,然後阻擋住侵犯莒國的敵人,這樣既增加了周朝的威信,又回報了天下對周朝的期望。』這就是周文王所擁有的大勇。文王一怒使天下的百姓都安定了。《尚書》上說:『上天造就了百姓,並且還為他們降下了能做為國君和師長的人才,他們的任務就是協助上天愛護百姓。天下的百姓們不管是有罪的還是無罪的,都由我先觀察判定然後再裁決他們,這樣誰敢忤逆天意呢?』商紂王一個人橫行天下,忤逆天意時,武王就感覺到了恥辱,於是推翻了商朝。而這就是武王的大勇。武王也是一怒而使天下的百姓們都安定了。如果大王現在也是一怒就能使百姓們得到安定,那麼百姓們還怕大王您不喜歡勇敢嗎?」

【點評】

此章說的是古時聖人樂天，而賢者知時，仁愛中又有勇氣，有了勇氣就可以討伐叛亂，而在這個過程中又不施以暴行，則百姓安之。

只有仁者才能夠以大事小，於是湯事葛，文王事混夷。只有智者才能夠以小侍奉大，於是太王事獯鬻，勾踐事吳王夫差。能以大事小，是仁者的胸襟；而能以小事大，則是智者的謀略。三國時的劉備雖貴為天子，但是他的才智平平，然而文則有得臥龍、鳳雛之助，武有關、張、趙等將帥，是因其有仁者之心，能以大事小也；越王勾踐在被吳國夫差打敗後，能夠降下自己的尊嚴，以馬前卒的身分去侍候夫差。後來經過了二十年臥薪嚐膽的努力，最後滅掉了吳國，為自己報仇雪恨，這是因為有智者之謀，所以才能夠以小事大。

接著又順著齊王的話，說到了勇。希望齊王能學那周文王和武王的大勇。把自己身上的小勇慢慢的演變成大勇。這點宋朝的蘇軾也說過「匹夫見辱，拔劍而起，挺身而鬥，此不足為勇。天下有大勇者，猝然臨之而不驚，無故加之而不怒，此其所挾持者甚大，而其志甚遠也」（蘇軾的《留侯論》）。

在這章中，孟子先說仁，再說智，最後才說勇。這在和鄰國的交往上是很重要的，三者不可缺其一。孟子所說的仁、智、勇就是在現在也是值得我們學習的。

【案例】

冒頓的外交之術

西漢初年，冒頓殺害了自己的父王成了北方匈奴的首領，並逐漸地強大起來，這樣就對它的鄰國東胡產生了威脅。為了不讓匈奴能威脅到他們，東胡國不斷地進行挑釁，企圖找個藉口滅掉匈奴。

匈奴人生活在草原上，以強悍善騎而著稱。匈奴國中有千里馬一匹，通身皮毛油黑發亮，全身連一根雜毛都沒有。牠日行千里，曾為匈奴國立過汗馬功勞，一直被當作國寶對待。東胡國的首領知道後，便派出使者前往匈奴國去索取這匹寶馬。匈奴國的大臣們都認為東胡國實在是太不講理了，全都反對答應東胡國的要求。然而，足智多謀的冒頓卻洞悉了東胡的用意，他知道，如果捨不得孩子那就不會打得到狼，於是，決定滿足東胡國的要求。他告訴他的大臣們：「東胡要我們的寶馬，那是因為他們認為我們是友好的國家。我們又怎麼能因為一匹馬而傷害了與邊鄰國家的關係呢？這樣做是很不划算的。」就這樣，冒頓把寶馬送給了東胡國的首領。然而，冒頓表面上雖然不與東胡國作對，但是他暗地裡卻壯大實力，希望能有一天可以打敗東胡國。

　　東胡國的首領自從得到了千里馬之後，就認為冒頓是個懦弱的人，就更加肆意狂妄。他又聽說冒頓的妻子年輕貌美、端莊賢淑，就動了邪念，於是又派使者去匈奴國說要納冒頓的妻子為妃。匈奴國的大臣們知道了東胡國的首領如此來羞辱他們所尊敬的王后，都氣得發誓要與東胡國決一死戰，冒頓這時更是氣得連話都說不出來了，他心裡想：如果連自己的妻子都不能保護，那這樣還算是個男人嗎？何況他還是個國王！然而，他轉念又想到，東胡國之所以能這樣對待自己，那是因為東胡國的力量比匈奴要強大，要是一旦真的發生了戰爭，自己的國家很可能會戰敗，還是再容忍一次吧！他知道，小不忍則亂大謀，等將來匈奴強大了，再和東胡國決一生死。於是，他又勸告他的大臣們：「天下漂亮、美麗的女子多的是，而東胡國卻只有一個啊！我們又豈能因為一個女人，而傷害了和鄰國的友誼呢？」就這樣，他又把自己心愛的妻子送給了東胡國的首領。而後，他召集大臣，說明東胡為什麼會如此強橫的原因，又仔細地分析了當時的形勢。要求大臣們能夠內修實力，外修政治，先使自己的國家強大起來，這樣將來才有實力能夠消滅東胡國。大臣們聽冒頓分析得頭頭是道，而且也很正確，於是都按照冒頓的要求，盡心盡職地治理國家。

　　東胡國的首領在不費什麼力氣，就得到了千里馬與美女的情況下，他就認為冒頓真的是非常的懼怕他，進而更加驕奢淫逸起來。此後，他整日尋歡作樂，不理朝政，慢慢的國力就越來越衰弱。然而，他卻還不滿足，又第三次派使者到匈奴國去索取兩國交界處方圓千里的土地。

　　而此時的匈奴國經過冒頓及其大臣們多年精心治理，現在是政治清明，實力雄厚，兵精糧足，實力也已遠遠超過了東胡。

　　東胡國的使者到來後，冒頓又召集大臣們商議，大臣們都不明白他的態度，

聯想到以往兩次的事情，就試探地說：「友誼應該重於一切，我們就把那千里的土地送給他們好了。」這時，冒頓一聽，火冒三丈，拍案而起，振振有詞說：「土地乃是國家社稷之本，又怎麼可以隨隨便便給別人！東胡國的首領先強取我的國寶，接著又霸佔我的皇后，現在還要來索取我的土地，這實在是欺人太甚了！簡直是士可忍，孰不可忍？！我們要為我們的國家而戰，我們要消滅掉東胡國，以雪國恥！」就這樣，他親自帶兵攻打，將士們也奮力拼殺，最終一舉消滅了東胡國。

其實在這個故事當中，冒頓就是結合了孟子所說的在和鄰國交往當中的最重要的三點：仁、智、勇。

冒頓在遇到東胡國無理的要求下，他首先用到的就是智，滿足了東胡國的要求，以此來麻痺他們；其次他又用仁來治理國家，使得國力快速的強大起來；再次他才用到了勇，他所帶領的軍隊最終消滅了東胡國。這也再一次證明了「仁、智、勇」這三者是不可缺其一的。

第九篇　樂以天下，憂以天下

【原文】

齊宣王見孟子於雪宮①。王曰：「賢者亦有此樂乎？」

孟子對曰：「有。人不得，則非②其上矣。不得而非其上者，非③也；為民上而不與民同樂者，亦非也。樂民之樂者，民亦樂其樂；憂民之憂者，民亦憂其憂。樂以天下，憂以天下，然而不王者，未之有也。

昔者齊景公④問於晏子⑤曰：『吾欲觀於轉附⑥、朝儛⑦，遵海而南，放於琅邪⑧。吾何修⑨而可以比於先王觀也？』晏子對曰：『善哉問也！天子適諸侯曰巡狩。巡狩者，巡所守也。諸侯朝於天子曰述職。述職者，述所職也。無非事者。春省⑩耕而補不足，秋省斂而助不給。夏諺曰：「吾王不遊，吾何以休？吾王不豫⑪，吾何以助？一遊一豫，為諸侯度。」今也不然，師行而糧食，飢者弗食，勞者弗息。睊睊胥讒⑫，民乃作慝⑬。方命⑭虐民，飲食若流；流連荒亡，為諸侯憂。從流下而忘反謂之流，從流上而忘反謂之連，從獸無厭謂之荒，樂酒無厭謂之亡。先王無流連之樂、荒亡之行。惟君所行也。』

景公悅，大戒⑮於國，出舍於郊。於是始興發補不足。召大師⑯曰：『為我作君臣相說之樂！』蓋《徵招》、《角招》⑰是也。

其詩曰：『畜君何尤⑱？』畜君者，好君也。」

——選自《梁惠王章句下》

【注釋】

①雪宮：齊宣王的別宮。

②非：埋怨。

③非：錯誤。

④齊景公：春秋時齊國的君主姜杵臼。

⑤晏子：齊國賢臣，名嬰。

⑥轉附：山名，在齊國的境內，疑是現在的芝罘山。

⑦朝儛：山名，在齊國的境內，疑是現在山東榮城的召石山。

⑧琅邪（一ㄝˊ）：山名，是齊國境內的一座山，在今山東境內。

⑨何修：怎麼辦、怎麼做。

⑩省（ㄒㄧㄥˇ）：審視、察看。

⑪豫：同「遊」。

⑫睊睊胥讒：睊睊，側目而視的樣子。胥，都，全。讒，毀謗。

⑬慝（ㄊㄜˋ）：惡。

⑭方命：抗命。

⑮戒：準備。

⑯大師：古代樂官之長，大，讀「太」。

⑰《徵（ㄓˇ）招》、《角招》：大師們所作的樂章。徵和角是古代五音（宮、商、角、徵、羽）中的兩個。招同「韶」。

⑱畜君何尤：畜，限制。尤，過錯。

【譯文】

齊宣王在雪宮裡接見孟子。齊宣王問道：「賢德的人也有這種快樂嗎？」

孟子回答道：「有的。如果百姓得不到這種快樂，他們就會埋怨他們的君主了。這種得不到快樂就抱怨他們君主的做法，是不對的；但是身為百姓的君主不能夠和百姓一起享受快樂，那也是不對的。如果君主能夠把百姓的快樂當作自己的快樂，那麼百姓也會把君主的快樂當成是自己的快樂；如果君主能夠把百姓的憂愁當作自己的憂愁，那麼百姓也會把君主的憂愁當成是自己的憂愁。能夠和天下人一起快樂，能夠和天下人一起憂愁，要是做到了這樣還不能稱王天下的，是從來不會有的事。

從前齊景公對晏子說：『我想去遊覽一下轉附和朝儛兩座名山，然後沿著海邊南下，一直到琅邪山。我要怎麼做才能和先王的外出巡遊相比呢？』晏子答道：『問得太好了！天子到諸侯的國家那裡去叫巡狩。所謂巡狩，就是巡視諸侯所管轄的疆土。諸侯去朝見天子叫述職。所謂述職，就是彙報履行職守的工作情況。他們的來往都是和工作相結合的。春天視察耕作情況，並給予窮困的人家補助；秋天視察收穫的情況，並對歉收的農戶給予補助。夏朝的諺語說：「我們的君王不出來巡遊，我們怎麼會得到休整？我們的君王不出來視察，我們又怎麼會得到補助？君王出來巡遊視察，都給諸侯們做了榜樣。」可是現在卻不是這樣了，君王出巡時興師動眾，到處徵集糧食，讓飢餓的人得不到吃的，辛苦工作的人得不到休息。百姓們個個都怒目而視，怨聲載道，這樣有一些百姓們就會作亂造反。這樣的巡遊上則違背了天意，下則禍害了百姓，大吃大喝的浪費如同流水

一樣；這種流連荒亡的行為，都會讓諸侯們感到憂患。順流而下的遊玩，高興的都忘了返回的，這就叫流；逆流而上的遊玩，高興的都忘了返回的，這就叫連；無休止的打獵而不知疲倦，這就叫荒；不知節制地喝酒，這就叫亡。古代的聖賢明君既沒有流連之樂也沒有荒亡之行。你要選哪種方式出遊，那只好是您自己決定了。』

齊景公聽了很高興，先在都城內做好準備，然後離開宮室搬到郊外住。接著就開倉拿出糧食救濟窮困的百姓。又召見了樂官，並吩咐說：『給我作一首君民同樂的樂曲來！』大概就是《徵招》和《角招》這兩首樂曲吧！其中有一句歌詞說道：這樣喜愛國君有什麼不對的呢？」

【點評】

以人之樂而樂，故人亦以其樂而樂。以人之憂而憂，故人亦以其憂而憂。

在這段對話當中，孟子沒有直接表達自己的意見，而是借用了晏子和齊景公的對話，來表達國君應當具有「樂以天下，憂以天下」的思想。

只有先讓百姓們能過上好的生活，你才能過上好的生活，只有先預防百姓們沒有想到的災害，你才可以安心的休息。這樣，百姓們才會去真心的擁護、愛戴你。

宋朝的范仲淹又提出了「先天下之憂而憂，後天下之樂而樂」。而這種思想正是無數英雄豪傑的精神支柱。

【案例】

先天下之憂而憂，後天下之樂而樂

「樂以天下，憂以天下」。這其中的「天下」就是指天下的黎民百姓。「先天下之憂而憂，後天下之樂而樂」，是此的一脈相承，是宋朝的范仲淹提出的。

范仲淹不僅是宋朝的名臣與文學家，更是位傑出的政治家。他鎮守陝西，屢次擊退了西夏、契丹的侵略，保衛了國家的安全；雖然偶爾他也會感嘆「濁酒一杯家萬里」，「燕然未勒歸無計」，雖然想家，但是為了國家，為了人民，他「願得此身長報國，何須生入玉門關」，鞠躬盡瘁，死而後已。

「先天下之憂而憂，後天下之樂而樂」，正是范仲淹一生生動的寫照，也是許多有志之士的夢想。它激勵了無數人的遠大志向。大禹嘔心瀝血率民治水十三載，三過家門而不入，正是因為胸懷天下百姓；周公三次吐哺，正是因為心繫天下。這些都是古人的「樂以天下，憂以天下」。

綜觀中國歷史，司馬遷、林則徐、蔡元培……「樂以天下，憂以天下」的有識之士，讓我們不勝其數，更讓人們感動不已。對今天的人們來說，他們的精神，依然能點亮我們靈魂的燈光，照著我們在迷茫的路上前行。

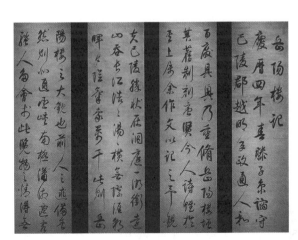

第十篇　與百姓同之

【原文】

齊宣王問曰：「人皆謂我毀明堂①，毀諸？已乎？」

孟子對曰：「夫明堂者，王者之堂也。王欲行王政，則勿毀之矣。」

王曰：「王政可得聞與？」

對曰：「昔者文王之治岐②也，耕者九一③，仕者世祿，關市④譏⑤而不徵，澤梁⑥無禁，罪人不孥⑦。老而無妻曰鰥⑧，老而無夫曰寡，老而無子曰獨，幼而無父曰孤。此四者，天下之窮民而無告者。文王發政施仁，必先斯四者。《詩》⑨云：『哿矣富人，哀此煢獨⑩！』」

王曰：「善哉言乎！」

曰：「王如善之，則何為不行？」

王曰：「寡人有疾，寡人好貨。」

對曰：「昔者公劉⑪好貨，《詩》⑫云：『乃積乃倉⑬，乃裹餱糧⑭，於橐於囊⑮，思戢用光⑯。弓矢斯張，干戈戚揚⑰，爰方啟行。』故居者有積倉，行者有裹囊也，然後可以爰方啟行。王

如好貨，與百姓同之，於王何有？」

王曰：「寡人有疾，寡人好色。」

對曰：「昔者太王好色，愛厥妃。《詩》⑱云：『古公亶父，來朝走馬，率西水滸⑲，至於岐下，爰及姜女⑳，聿來胥宇㉑。』當是時也，內無怨女，外無曠夫㉒。王如好色，與百姓同之，於王何有？」

——選自《梁惠王章句下》

【注釋】

①明堂：周天子東巡時接見諸侯們的地方，在今山東泰山。

②岐：地名，在今陝西省岐山縣一帶。

③耕者九一：周朝的井田制度。每井九百畝，八家各有一百畝私田，剩下的一百畝為公田，為八家共同擁有。

④關市：關，關口。市，市場。

⑤譏：同「稽」，稽查。

⑥澤梁：在沼澤河流中安裝捕魚的設備。澤，沼澤，池。梁，魚梁，一種捕魚的設備。

⑦孥（ㄋㄨˊ）：古代妻子、兒女叫孥。

⑧鰥（ㄍㄨㄢ）：喪妻的男人。

⑨《詩》：《詩經·小雅·正月》。

⑩哿（ㄎㄜˇ）矣富人，哀此煢（ㄑㄩㄥˊ）獨：哿，同「可」。煢，孤獨，單獨。

⑪公劉：周族早期首領，周朝的創業始祖。

⑫《詩》：《詩經·大雅·公劉》。

⑬倉：做動詞用。積穀於糧倉。

⑭餱糧：乾糧。

⑮於橐於囊：橐、囊：盛東西的口袋，橐小囊大。

⑯思戢（ㄐㄧˊ）用光：戢，和睦。光，光大。

⑰干戈戚揚：都是兵器。

⑱《詩》：《詩經·大雅·綿》。

⑲率西水滸：率，沿著。水，漆水。滸，水邊。

⑳爰及姜女：爰，於是。姜女，太王之妃，太姜。

㉑聿來胥宇：聿，這裡做發語詞，無義。胥，察看。宇，房屋。

㉒內無怨女，外無曠夫：內，古代稱女子為內。怨女，這裡指成年而沒有丈夫的女子。曠夫，這裡指成年而沒有妻子的男子。

【譯文】

齊宣王問孟子道：「別人都建議我拆掉明堂，（您說我）到底是拆掉呢？還是不拆呢？」

孟子回答道：「明堂是施行仁政的君王接見諸侯們和發佈政令的殿堂。大王如果打算施行仁政，那就不要把它拆掉了。」

齊宣王又說：「您能給我講講怎樣去施行仁政嗎？」

孟子回答道：「從前周文王治理岐地時，只抽取農民九分之一的稅交給國

家；做官的人則可以世代享受俸祿，在關口和市場上對商人只稽查不徵稅；到湖泊池沼裡打魚，不加以禁止，要是有人犯罪了，懲辦罪人的時候不牽連他的家人。年老而沒有妻子的叫鰥，年老而沒有丈夫的叫寡，年老而沒有兒女的叫獨，年幼而沒有父親的叫孤。這四種人是天下最窮苦而又無所依靠的人。文王發佈政令、施行仁政，一定會先安撫這四種人。《詩經》上說：『富人的生活是無憂無慮的，只有那些孤獨無依靠的人才是真正的可憐！』」

齊宣王說：「您這話說的實在太對了！」

孟子說：「既然大王您認為這話說的對，那您又為什麼不去實行呢？」

齊宣王說：「我有個毛病，我比較喜愛錢財。」

孟子說：「從前公劉也喜愛錢財，《詩經》上說：『糧食要堆滿糧倉，乾糧要裝滿橐囊，才能百姓和睦，國家才會和諧。箭上弦，弓開張，干戈斧鉞全帶上，這樣才能朝著前方前進。』所以說，留守的人糧倉裡要有餘糧，出行的人要有乾糧，這樣才能啟程遠行。如果大王喜愛錢財，又能和百姓們一起享用，那麼施行仁政還有什麼困難的呢？」

齊宣王又說：「我還有個毛病，我比較喜好女色。」

孟子說：「從前太王也喜好女色，寵愛他的妃子。《詩經》上說：『古公亶父，清晨策馬馳騁，沿著西邊的水濱，來到了岐山腳下，而且還帶著寵妃姜氏女，察看房舍。』但是在當時，百姓家裡沒有嫁不出去的女子，社會上也找不到單身的男子。如果大王喜好女色，但是能讓百姓們都有配偶，那麼這對您施行仁政又會有什麼困難呢？」

【點評】

這段是寫齊宣王想拆掉明堂，想聽聽孟子的意見。孟子趁這個機會想讓齊宣王改變治國之道，施行王政。但是齊宣王怕施行王道會花好多錢，又減少了收入，就對孟子說：「自己有個毛病，就是喜愛錢財和女色。」

孟子接著就說道：「要是大王喜愛錢財，而能讓百姓們有富足、安定的生活。喜好女色，而能讓百姓們沒有嫁不出去的怨女，也沒有娶不到媳婦的男子。這樣百姓們都會喜歡，而大王要施行王政還會有困難嗎？」這裡孟子提出了「與百姓同之」的思想。君王是人，百姓也是人，君王的喜好，百姓們也有之。這是人文思想的具體體現。

孟子善於利用對方的觀點，巧妙地發揮引導，使對方一步一步按照自己的意思往下走，到最後樂於接受自己的意見。凡事都具有兩面性，齊宣王自稱的疾病——貪財好色，如果從好的方面去看，貪財只是為了國家、為了人民而貪財，使得自己的國家國富民安，那也不是什麼壞事。好色也一樣，如果君主愛自己的妃子，也讓百姓們彼此相愛，這樣的好色，也不是什麼壞事。而從另一面來看的話，就是貪得無厭，荒淫無道，人人恨而誅之，這樣怎麼會不被滅亡。這兩者之間就看怎麼選擇了。

【案例】

晏子勸諫齊景公

齊景公三十二年（西元前516年），天空中出現了彗星。百姓們認為彗星的出現就會帶來災難。齊景公因此而擔憂起來。見到了晏子，就問晏子：「這個可以

消除嗎？」晏子說：「如果祈禱可以讓神靈來的話，那麼祈禱也就可以讓神靈去了。但是百姓們苦毒怨恨者以萬數，而您卻只讓一個人去祈禱，這樣又怎能勝過眾人之口呢？您建造高台深池，臧斂唯恐少得，刑罰唯恐不盡，這本將就要出示凶兆了，現在彗星還有什麼可怕的呢？」

有一年冬天，連續下了三天的鵝毛大雪仍不轉晴。景公穿著全用狐狸腋下的白毛集成的「狐裘」皮襖，坐在殿堂上。晏子進去參見景公，景公說：「奇怪呀！下了三天雪而天不冷。」晏子反問道：「天真的不冷嗎？」景公笑了。晏子又說：「我聽說古代的賢君雖然自己是吃飽了，但卻還惦記著有人在挨餓；雖然自己是穿暖和了，但卻還惦記著有人在受凍；自己安逸的時候卻還惦記著別人的勞苦。而現在您卻都不知道啊！」景公於是說：「好！寡人聽從您的教導了。」於是下令從國庫裡拿出皮襖，發放糧食，救濟那些飢寒的百姓。而那些受到救濟的百姓們，也都高興得奔相走告。

還有一次，景公遊玩到寒塗這個地方，看到大路旁有腐爛的死屍，就掩鼻而過，不聞不問。這時晏子進諫說：「以前桓公出遊的時候，要是看見了飢餓的人就給他食物，看見生病的人就給他錢財；派公差讓百姓們不要過於勞累，不多賦斂以損害百姓。所以，百姓都高興地說：『君主遊覽到我們這裡來吧！』

而現在君主遊於寒塗，四十里之內的百姓，傾家蕩產了也不足以供您的賦斂，勞力就算是累死了也不足以供您役使；百姓們飢寒交迫，拋屍路旁，然而君主卻不管不問，這樣就失去了做為一國之君的道義了。財乏力竭，百姓們則不可能會親附君主；驕縱奢侈，君主也不可能會親近百姓。上下離心，群臣不親，這正是夏、商、周三代之所以衰亡的原因啊！而如今君主也要這麼做，我真擔心齊國宗室的命運呀！」

　　景公聽後很慚愧地說：「你說的對！身為國君而忘掉其屬下，加重賦斂而不顧百姓，這是我的罪過呀！」於是下令掩埋死屍，向百姓發放糧食，免除了四十里之內的百姓一年的差役，三個月內不再出遊。

　　其實這個故事告訴我們的就是，國君要與民同憂同樂，這樣才會得到百姓的擁戴。「樂民之樂者，民亦樂其樂；憂民之憂者，民亦憂其憂」這句孟子的名言，正是對這個故事的整體做了一個概括和總結。

第十一篇　選拔人才

【原文】

孟子見齊宣王，曰：「所謂故國^①者，非謂有喬木之謂也，有世臣之謂也。王無親臣矣，昔者所進，今日不知其亡^②也。」

王曰：「吾何以識其不才^③而舍之？」

曰：「國君進賢，如不得已，將使卑逾尊，疏逾戚，可不慎與？左右皆曰賢，未可也；諸大夫皆曰賢，未可也；國人皆曰賢，然後察之，見賢焉，然後用之。左右皆曰不可，勿聽；諸大夫皆曰不可，勿聽；國人皆曰不可，然後察之，見不可焉，然後去之。左右皆曰可殺，勿聽；諸大夫皆曰可殺，勿聽；國人皆曰可殺，然後察之，見可殺焉，然後殺之。故曰國人殺之也。如此，然後可以為民父母。」

——選自《梁惠王章句下》

【注釋】

①故國：歷史比較長的國家。

②亡：不在。

③何以：即「以何」，根據什麼。不才：沒有才能。

【譯文】

　　孟子朝見齊宣王，說：「平時所談到的『故國』，並不是說國家要有高大的樹木，而是說它要有世代的元老功臣。大王現在身邊沒有親信的臣子了，以前所任用的人，今天都不知道去哪裡了。」

　　齊宣王說：「那我怎樣才能去識別哪些人沒有才能而不任用他們呢？」

　　孟子回答說：「國君選拔賢臣人才，如果萬不得已要選用新人，那麼將會使地位低的超過地位高的，關係疏遠的超過關係近的，這可是件不能不慎重的事啊！所以，如果只有左右侍臣說他好，不行；只有大夫們說他好，也不行；只有全國的人都說他好，這還要經過觀察後，發現他確實是賢能，這樣才可任用他。左右侍臣們都說某人不行，不要全部相信；大夫們都說不行，也不要全部輕信；全國的人都說不行，這也要經過觀察後，發現他是確實不行，這樣才可以罷免他。左右侍臣都說某人可殺，不能輕信；大夫們都說可殺，也不能輕信；全國的人都說可殺，這就要經過觀察後，發現那個人確實可殺，才能殺掉他。所以說，他是被全國的人殺掉的。只有這樣，才可以做百姓的父母。」

【點評】

　　選拔人才，應該記住的是：偏信則暗，兼聽則明。即使是在現在，這個問題也是值得我們注意的。

　　此章主要討論的是國君如何用人的問題，孟子提出不能根據左右和大夫們的意見，而是應該根據百姓們的意見，經過觀察後，才能確定該不該任用。罷免人、殺人也應當如此。

從這章當中，我們對孟子的民本思想應該有進一步的瞭解。民本思想不單單是要求為政者關心老百姓，更重要的是要求為政者能傾聽和接受百姓們的意見。承認百姓是政治的主體。

【案例】

商朝皇帝選拔人才

夏朝末期，在莘氏家中有一個奴隸叫伊尹。後來有莘氏家的女兒嫁給了商湯，就把伊尹當作是陪嫁的奴隸送給了商湯。剛開始時，商湯並沒有去關注伊尹，只認為他是一個普通的奴隸，就把他安排到廚房裡幹活。而伊尹又是個很聰明的人，為了能讓商湯注意到他，他就在做飯的時候故意把飯菜做得極為可口，而有的時候卻又把飯菜做得特別難吃，希望能用這種辦法和商湯對話。

直到有一次，商湯因飯菜太難吃，就找伊尹前來問話。伊尹立刻就抓住這個機會，對商湯說道：「做菜不能夠太鹹，但是也不能夠太淡，只有把佐料放得剛剛好，這樣做起來的菜，吃起來才有味道。而治理國家和做菜也是同一個道理，既不能夠鬆弛懈怠，但也不能夠操之過急，只有剛剛好的時候，那樣才能把事情辦好。」

商湯聽了伊尹所說的這番話後，暗暗稱奇，這時他才知道這個奴隸是個人才。於是就把伊尹奴隸的身分給解除了，擢而用之，後來商湯又讓他做了宰相，管理朝政。而伊尹也不負商湯對他的期望，積極幫助商湯籌畫進攻夏朝的事情，最後終於消滅了夏朝，建立起了商朝。

商湯死後，伊尹又輔佐卜丙、仲壬二王。仲壬死後，太甲即位，太甲為帝

時，因不遵守商湯所制訂的法規，又橫行無道，於是便被伊尹放之於桐宮（今山西省萬榮縣西，另說今河南省虞城東北），讓他悔過和重新學習商湯的法令。伊尹代理朝政之事，三年之後，伊尹又迎回太甲復位。伊尹死於沃丁在位的時候。

商朝還有一個名相也是出身於奴隸的，那就是傅說。

在商朝中葉有一個君主叫武丁，他也是一位很有作為的君主。他立志學習商湯整治國家，但是一直沒有一位能像伊尹那樣的賢臣輔佐。他經過反覆的思索，最後終於想起了過去自己所認識的一個奴隸，那個奴隸就是傅說，他認為傅說是一個人才，可以幫助自己成就大事。就像伊尹幫助商湯一樣。

但是按照商朝的法律規定：奴隸是不可以出任國家官員的。那又如何讓傅說出任官職呢？於是武丁就想了一個計謀。

一天晚上，武丁就寢後，過了一會兒就故意放聲大笑起來，他的侍從們急忙過來問道：「大王，您做了什麼好夢嗎？」

武丁高興的說道：「我們商朝有希望了！我剛才夢見了先王商湯，他向我薦舉了一個大賢人，名叫傅說，先王說他能輔佐我治理好國家。」

朝中的大臣們聽說是先王托夢，也就深信不疑了，就讓各地的官府到百姓中去尋找傅說。而這個時候，傅說因為犯了罪，正在傅岩（今山西平陸縣北）這個地方做苦工。一個尋找傅說的官員發現了他，連忙把他帶回了京城。

武丁見到了傅說，非常的高興說：「沒錯，就是他，就是他！他就是先王夢中給我推薦的大賢人。」隨後，武丁又命人把傅說的囚衣給脫掉，換上了朝服，又當眾把他奴隸的身分給解除了，並且馬上任命傅說為宰相。

傅說只花了三年的工夫，就把殷商治理得秩序井然，傅說輔佐武丁後，使得商朝再次興盛起來，而武丁也得到了各地諸侯的擁護，他們又都稱武丁為中興之王。

三國時的諸葛亮提出了識別人才的七種方法，他說：「知人之道有七焉：一曰問之以是非而觀其志；二曰窮之以辭辯而觀其變；三曰諮之以計謀而觀其識；四曰告之以禍難而觀其勇；五曰醉之以酒而觀其性；六曰臨之以利而觀其廉；七曰期之以事而觀其信。」

第十二篇　害義者眾叛親離

【原文】

齊宣王問曰：「湯放桀^①，武王伐紂^②，有諸？」

孟子對曰：「於傳^③有之。」

曰：「臣弒其君，可乎？」

曰：「賊^④仁者謂之賊，賊義者謂之殘；殘賊之人謂之一夫^⑤。聞誅一夫紂矣，未聞弒君也。」

——選自《梁惠王章句下》

【注釋】

①湯放桀：湯，成湯，殷商的開國之君；桀，夏朝最後一個君主。傳說商湯滅夏後，把桀流放到南巢（據傳在今安徽省巢縣一帶）。

②武王伐紂：紂，商朝最後一個君主，昏亂殘暴。周武王起兵討伐，紂王兵敗，自焚而死。

③傳（ㄓㄨㄢˋ）：史書、傳記。

④賊：這裡做動詞用，害。

⑤一夫：獨夫的意思。指失去人心，眾叛親離的人。

【譯文】

齊宣王問孟子道：「商湯王放逐夏桀王，周武王討伐商紂王，這兩件事情是真的嗎？」

孟子回答道：「史書上有這樣的記載。」

齊宣王又問道：「做為臣子卻要殺掉他的君主自己取而代之，這樣做可以嗎？」

孟子說：「陷害有仁愛的人，人們叫他『賊』，陷害有道義的人，人們叫他『殘』；人們又把殘、賊這樣的人叫做獨夫。我只聽說過周武王殺了獨夫紂王，卻沒聽說過他犯上殺過君王的事。」

【點評】

此章是《孟子》書中歷來引人注目的一章，因為它討論的是歷史上著名的「湯武革命」，儒家肯定了「湯武革命」的價值。

儒家的思想是「君君臣臣」，但是卻又肯定了「湯武革命」，其實不然，臣是相對於君而成立的，當君不為君時，則臣亦不為臣。故當夏桀、商紂荒淫無道、陷害仁義不為君的時候，陷害仁義就是殘賊，這樣的人是不得人心、眾叛親離的只能是獨夫，是人人可以得而誅之的，所以這不能責難於商湯王和周武王的。孟子最後說：「聞誅一夫紂矣，未聞弒君也。」說的就是這個道理。

朱子注曰：「害仁者滅絕天理，害義者傷敗彝倫，眾叛親離。」

【案例】

商紂王的滅亡

商朝的最後一個皇帝是商紂王，他即位之後，不僅不整治國家，以效先王商湯；而是荒淫無度，並且還殘害忠良，暴虐無道。

商紂王為了滿足他的私慾，於是下令建築了鹿台。據說這個鹿台面積為方圓三里，而且它的高度高達千尺。當初建造之時，興師動眾，集各地之名匠，聚全國的財力，整整花費了七年時間，才把這座豪華壯麗的鹿台修建完成。同時還建造了宮廷樓榭數以百間。鹿台建成之後，紂王攜妲己及歌女們一連狂歡了三日，以示慶賀。但是為了修建鹿台，不知死了多少百姓，百姓們都怨聲載道。但是商紂王卻不聞不問，其實鹿台的修建，已經給商朝的滅亡敲響了警鐘。

商紂王為了滿足自己奢侈的慾望，他還大肆地興建離宮別館，終日與寵臣們歡飲達旦。他還在人工挖成的大池塘裡倒滿了美酒，人可以在上面划船，而池裡的酒則可以同時供應三千人狂飲；他又讓侍從們把肉懸掛在樹上，讓他和寵臣們伸手就可以吃到。這就是歷史上遺臭萬年的「酒池肉林」的醜劇。

商紂王不僅荒淫無度，而且還殺人如麻。有一天，他和他的愛妃妲己看到一個懷孕的婦女在路上行走。於是，商紂王猜這個婦女懷的是女胎，妲己猜說懷的是男胎。兩人爭執不下，於是商紂王說：「把她的肚子剖開看看，不就知道了。」就這樣，這位婦女就被無辜的慘遭殺害了。

商紂王看中了九侯的女兒，但是九侯的女兒不喜歡商紂王的所作所為，商紂王非常的生氣，就把她殺了，隨後又把九侯也殺了。鄂侯知道後，就為九侯鳴冤

不平，商紂王又把鄂侯也殺了。周文王知道後，悲傷地嘆了口氣，沒有想到被人告了密，也被商紂王給抓了起來，並且百般地折磨他。他把周文王的大兒子伯邑考下湯鍋煮死做成肉羹，然後逼迫周文王喝下。之後，商紂王還喪盡天良地對他的大臣們說：「人人都說西伯（周文王）是個聖賢，但是他怎麼喝了用自己兒子的肉做成的羹，卻還嚐不出滋味呢？」紂王的叔父比干，看到百姓們都生活在水深火熱當中，於是就勸諫紂王道：「天是為了百姓們，所以才安排君主。當了君主是要替百姓們做主，而不是當了君主就可以隨意虐待百姓。現在你無休止地橫徵暴斂，大肆地搜刮民財，百姓忍受不了痛苦了。而你現在還要隨隨便便地殺人，弄得人心惶惶的。要是人心都喪盡了，那麼國家將要隨著滅亡了。如果你把國家葬送掉，那又怎能對得起先王啊？」紂王聽後，勃然大怒道：「要是照你這樣說，你是一位聖人，而我卻是一位昏君。我常聽人們說聖人的心都是七竅玲瓏的，我現在就把你的心挖出來，看一看是不是如人們說的這樣。」

商紂王荒淫無道，又濫施酷刑，誅殺無辜，使得整個社會動盪不安，民不聊生，百姓們怨聲載道，而商紂王也面臨滅頂之災。這時，周武王已經親率大軍討伐商紂王。紂王就臨時拼湊了一些軍隊去抵擋，但是這些臨時拼湊起來的軍隊都不願意為紂王賣命，都在兩軍陣前，紛紛倒戈。商紂王見大勢已去，就逃回了朝歌，隨後在雄偉的鹿台上，自焚而死。紂王的死亡，也就宣佈了商朝的滅亡。

荒淫無道，濫施酷刑，誅殺無辜，這些不仁之事做的太多，則必定會失去民心，進而失去整個國家，商紂王就是一個最典型的例子。到目前為止，還沒有誰能在這樣的情況下，而讓百姓真心歸順、擁護的。

第十三篇　征伐原則

【原文】

齊人伐燕，勝之①。宣王問曰：「或謂寡人勿取，或謂寡人取之。以萬乘之國伐萬乘之國，五旬而舉之，人力不至於此。不取，必有天殃②。取之，何如？」

孟子對曰：「取之而燕民悅，則取之。古之人有行之者，武王是也。取之而燕民不悅，則勿取。古之人有行之者，文王是也③。以萬乘之國伐萬乘之國，簞食壺漿④以迎王師，豈有他哉？避水火也。如水益深，如火益熱，亦運⑤而已矣。」

——選自《梁惠王章句下》

【注釋】

①齊人伐燕，勝之：齊宣王五年（西元前315年）燕國發生內亂，齊宣王趁機進攻燕國，燕國士兵厭戰，城門不閉，齊軍只用五十天就取得了勝利。

②天殃：上天降下的災難。

③文王是也：指周文王在三分天下有其二時，仍然服侍商紂王的事。

④簞食壺漿：用簞裝著食物，用壺裝著酒漿。簞，古代盛飯的竹筐。漿，用米熬成的汁，疑是現在的米酒。

⑤運：轉。

【譯文】

　　齊國攻打燕國，取得了勝利。齊宣王問孟子道：「有人建議我不要吞併燕國，但也有人建議我吞併燕國。以一個擁有萬輛兵車的國家去攻打同樣擁有萬輛兵車的國家，結果只用五十天就打贏了，（我想）光憑人力這恐怕是辦不到的。如果不吞併燕國，則必定會有上天降下的災禍。但是吞併燕國，不知又會怎麼樣？」

　　孟子回答說：「如果吞併了燕國，而燕國的百姓也高興，那就吞併它。古代的聖賢就有這麼做的，周武王就是這樣做的。如果吞併了，但是燕國的百姓不高興，那就不要吞併。古代聖賢也這麼做過，周文王就是這樣。以擁有萬輛兵車的國家去攻打同樣擁有萬輛兵車的國家，燕國百姓用竹筐盛著米飯，用壺裝滿酒來迎接大王的軍隊，難道還有別的意思嗎？那只不過是想早點從水深火熱的環境裡解脫出來。如果您佔領燕國後，水更深，火更熱，那他們則會轉而投奔別的國家去了。」

【點評】

　　齊國之所以伐燕，是由於燕國當時出現了內亂。西元前315年，燕王子噲要學堯舜，把王位讓給了國相子之，燕國人不服，將軍市被、太子平兩人進攻子之，燕國發生內亂。在這個時候齊國趁機攻打燕國，燕人根本就沒有什麼抵抗，齊國大獲全勝，於是才有了齊宣王問孟子要不要吞併燕國的這一幕。

　　孟子的意見是吞併不吞併，這要看燕國的百姓了，這裡他又拿周文王和周武王來做比喻。孟子沒有明確表態，但是意思很清楚「燕民不悅而取之」才是真正

的「必有天殃」。在這裡還是主張以民本思想為主。

【案例】

劉備奪荊州

以人為本最早見於管理學典籍，說的是對人的激勵要從人的需求出發，只有滿足人的需求，才能激發其積極性、創造性，即發揮其主觀能動性改造世界。古代有見識的帝王將相，都懂得以民為本的思想與哲理，並善於運用這個哲理治理國家，愛民如子，進而取得了很大的成就，比如劉備。

小時候的劉備雖然家境貧寒，卻十分仁義，且胸懷大志，夢想成就一番偉大的事業。

東漢靈帝光和七年（西元184年），黃巾大起義爆發，劉備的好機會也來了。當時，各地的軍閥豪強趁機拉起人馬，劉備也立刻參加了鎮壓起義軍的隊伍。河東解縣（今山西運城）人關羽、同郡人張飛，早就知道劉備為人不錯，便在這時來投奔劉備。劉備把關、張二人看做親兄弟，三人同吃同住，形影不離。由於劉備鎮壓義軍「有功」，被朝廷任命為安喜縣（今河北定縣東）尉。

但時間不長，朝廷就頒佈詔書，要考核因軍功而提拔任命的官吏，說是不稱職，就要淘汰。其實也就走走過場，只要給巡視各縣的督郵送點禮，就會萬事大吉，但劉備沒有送賄賂給督郵，督郵當然要撤他的職。劉備聽說後十分憤恨，一氣之下，率領一群吏卒跑到督郵住處，將督郵捆住，押著他出縣界。不管督郵多麼誠懇的求饒，劉備還是將督郵綁在樹上，用馬鞭狠狠地抽打，打完了，就率眾棄官而去。

劉備的同窗好友、幽州藩將公孫瓚，也很欣賞劉備的仁義與才識。公孫瓚讓他先當平原縣令，不久，又任平原國相。這時，正逢天下大亂，老百姓少吃沒穿，飢寒交迫，流離失所。劉備儘管官很小，但卻為老百姓著想，他一面防禦寇難，一面聚集糧物，盡量讓那些沒有家的老百姓能吃上飯，並和一些有志之士同席而坐，同盤而食，成為推心置腹、肝膽相照的朋友。一時間，很多老百姓都知道了劉備的仁義與善良，紛紛來投奔他。

此時，中原各地的戰火依然不斷。袁紹攻公孫瓚，曹操又攻徐州牧陶謙。陶謙派人向公孫瓚說自己處境不妙，公孫瓚便派了劉備前往徐州（今蘇北魯東南一帶）援救陶謙。前往徐州的劉備只有一千多名兵士，其他的就是飢民了。陶謙見劉備兵力不足，就給他配備了一些兵士，又任命他為豫州（今豫東皖北一帶）刺史，駐小沛（今江蘇沛縣）。

陶謙身體不好，當他覺得自己沒有希望時，就對部下麋竺說：「除了劉備，沒有人能使徐州安定。」陶謙死後，他的部下麋竺就率領徐州的百姓去小沛接劉備。劉備再三推讓，最後終於接管了徐州，第一次躋身於大藩將之列，由此一步步邁向了事業的成功。

由劉備的經歷，我們不難看出，仁義對於事業的成功是多麼重要。劉備的經歷對現代的領導者來說，最大的啟示就是，不管你做什麼，都要從老百姓的角度出發，從多數人的角度出發。不然，只會自取其敗。

第十四篇　諸侯將謀救燕

【原文】

齊人伐燕，取之。諸侯將謀救燕。宣王曰：「諸侯多謀伐寡人者，何以待之？」

孟子對曰：「臣聞七十里為政於天下者，湯是也。未聞以千里畏人者也。《書》曰：『湯一征，自葛始①。』天下信之，東面而征，西夷怨，南面而征，北狄怨，曰：『奚為後我②？』民望之，若大旱之望雲霓也。歸市者不止，耕者不變，誅其君而吊③其民，若時雨降，民大悅。《書》曰：『徯我後④，後來其蘇⑤。』今燕虐其民，王往而征之，民以為將拯己於水火之中也，簞食壺漿以迎王師。若殺其父兄，繫累⑥其子弟，毀其宗廟，遷其重器⑦，如之何其可也？天下固畏齊之強也，今又倍地而不行仁政，是動天下之兵也。王速出令，反其旄倪⑧，止其重器，謀於燕眾，置君而後去之，則猶可及止也。」

——選自《梁惠王章句下》

【注釋】

①湯一征，自葛始：出自《尚書》，一，開始的意思。《滕文公章句下》寫作「湯始征，自葛載」。

②奚為後我：奚，何，為什麼。

③吊：安撫、慰問。

④徯我後：等待我的王。徯，等待。後，王。

⑤蘇：甦醒。

⑥繫累：束縛、捆綁。

⑦重器：寶物。

⑧旄倪：旄，同「耄」，古時八十至九十歲稱耄，這裡泛指老人。倪，兒童。

【譯文】

齊國攻打燕國，並併吞了它。其他的諸侯國計畫去救燕國。齊宣王便問孟子說：「很多諸侯在謀劃來攻打我，我該怎樣對付他們呢？」

孟子回答道：「我聽說過縱橫只有七十里國土的國家而統一了天下的，商湯王就是這樣。卻沒有聽說過擁有著千里國土的國家害怕別的國家。《尚書》上說：『商湯王的征伐，從葛國開始的。』當時天下的人都相信商湯，所以當他向東方征伐的時候，西面的民族便不高興；當他向南方征伐的時候，北面的民族又有了怨言。他們埋怨說：『為什麼要把我們放到後面呢？』百姓們期盼他的到來，就像大旱時節盼望天空出現烏雲和虹霓一樣。商湯征伐的時候絕不干擾百姓，市場上做生意的和趕集市的照常來往不斷，種田的照常下地幹活。他只是殺死他們那裡的暴君，然後安慰那裡的百姓，他的到來就像是及時雨從天而降，百姓們都欣喜若狂。《尚書》上又說：『我們的君王商湯一到，我們就可以得到了新生。』而現在，燕國的國君虐待他的百姓，大王您去征伐他，百姓們都認為是您把他們從水深火熱中拯救出來，所以才會用竹筐盛了飯，用壺裝著美酒，來迎

接大王的王者之師。而您現在殺害他們的父兄，囚禁他們的子弟，毀壞他們的宗廟，搶走他們國家的寶物，怎麼可以這麼做呢？天下的諸侯們本來就害怕齊國的強大，特別是現在齊國又擴大了一倍的土地卻不施行仁政，這就是天下的諸侯們為什麼要出兵攻打您的原因了。因此，我希望大王您能趕快發佈命令，遣送被抓的老人、孩子，停止搶奪燕國的寶物，和燕國商議，選立一個新的國君，然後再把軍隊撤離燕國，那麼這樣還來得及阻止各諸侯國們對您的征伐了。」

【點評】

齊宣王攻打燕國，其目的是為了侵略，擴張自己的領土；並不是孟子所希望的解救燕國的百姓於水深火熱之中。當其他的諸侯國們都要聯合起來討伐齊國時，於是齊宣王向孟子問道：「現在很多諸侯在謀劃來攻打我，我該怎樣對付他們呢？」

孟子用「商湯征伐」的故事來勸導齊宣王。希望齊宣王能發佈命令，送回抓來的俘虜，停止搶奪燕國的寶物，和燕國商議，重新立一個新的國君，然後撤兵。這樣天下的諸侯們就不會對齊國用兵了。

齊宣王最後把已經佔領的燕國的城市又都還給了燕國，這次齊國攻打燕國，齊國不但沒有得到很多的好處，相反還和燕國結下了仇恨。後來，燕昭王攻打齊國，齊國連敗，最後只剩下兩座城池沒有被攻破。這兩者之間還是有一定的關聯的。

【案例】

管仲的安邦政策

救百姓於水深火熱之中，處處為老百姓著想，是為君者應該具有的素質，這種素質，對於我們現代人來說，依然具有警世作用，特別是對那些領導者來說。

救百姓於水深火熱之中，其實就是一種以民為本的思想。這種思想其實是為政處世的一種智慧與謀略，而古代的管仲，就是一個有這種大智慧的人。

管仲是春秋時代最有名的政治家之一，他曾說：「政之所行，在順民心；政之所廢，在逆民心。」意思是說政策法令的好壞，要以民心向背這把尺去做為衡量的標準。若能滿足百姓「逸樂」、「富貴」、「存要」、「生育」等四種心願，就會有很多百姓來投奔。如果堅持做百姓厭惡的「憂勞」、「貧賤」、「危墜」、「滅絕」等四類事情，你的親人也會背叛你。因此，靠刑罰和殺戮是不能讓平民百姓害怕和心服，「知予之為取，政之寶也。」說的也是同樣的道理，總之，只有讓百姓得到好處，才能從百姓那裡得到擁戴，這樣天下才會太平。

基於此，管仲十分重視經濟生產，認為只有發展經濟，重視農業，才能使人民安居樂業，才能讓社會穩定，進而促進政治與文化的發展。

為了發展經濟，管仲採取了許多有力的措施，有許多措施是獨樹一幟：

他首先根據土質和形狀的不同，將土地分為上土、中土、下土三大類，再細分為九十小類，然後因地制宜地種糧食、果木、芻草等不同的作物。

其次，負責興建了我國歷史上的第一個水庫。

再者，對於有技術的人予以重獎，「黃金一斤，食粟八石」。

同時，為了調動人民的勞動生產積極性，管仲還實行「相地而徵」的稅收制度，即不論公田、私田都根據土地的等級和數量徵取稅收。

由於採取了以上措施，當時齊國的經濟發展很快，而且民心安定，國家繁榮富強，齊國理所當然成就了春秋霸主大業。

現代社會，很多領導者已失去了這種責任感，他們不思奉獻，不思進取，不為他人著想，如果這些人看看古代政治家的思想，相信他們肯定會有所收穫。

第十五篇　出爾乎，反爾乎

【原文】

鄒與魯鬨①。穆公②問曰：「吾有司③死者三十三人，而民莫之死④也。誅之，則不可勝誅；不誅，則疾視其長上之死而不救，如之何則可也？」

孟子對曰：「凶年飢歲，君之民老弱轉⑤乎溝壑、壯者散而之四方者，幾⑥千人矣，而君之倉廩實，府庫充，有司莫以告，是上慢⑦而殘下也。曾子⑧曰：『戒之戒之！出乎爾者，反乎爾者也。』夫民今而後得反之也。君無尤⑨焉。君行仁政，斯民親其上，死其長矣。」

——選自《梁惠王章句下》

【注釋】

①鄒與魯鬨：鄒，國名；魯，國名；鬨（ㄏㄨㄥ），爭鬥。

②穆公：鄒穆公。孟子是鄒人，所以穆公問他。

③有司：有關的官吏。

④莫之死：是「莫死之」的倒裝。

⑤轉：棄屍。

⑥幾：將近，幾乎。

⑦慢：同「瞞」。

⑧曾子：即曾參，孔子弟子。

⑨尤：責備。

【譯文】

鄒國與魯國發生了戰爭。鄒穆公問孟子說：「在這場戰爭中我的官員死了三十三人，而百姓們卻沒有一個願意肯為長官拼死效命的。如果殺了他們吧，那要殺的人又太多了；如果不殺吧，又恨他們看著自己的長官被殺而不去營救，這該怎麼辦才好呢？」

孟子回答道：「在飢荒年份裡，您的百姓，年邁體弱的都餓死棄屍在荒山野溝裡，年輕力壯的也四處逃難，都快上千人了，而您的糧倉裡的糧食卻是滿滿的，庫房裡財物卻是足足的，難道沒有一個官員向您彙報這些情況，這就是對上欺瞞國君，對下殘害百姓的行為。曾子說過：『一定要警惕，一定要警惕啊！你是如何對待別人，別人也會如何對待你。』現在百姓們總算有個機會可以報復了。所以，大王您也就不要怪罪他們了。如果您能施行仁政，百姓們自然就會熱愛他們的長官，並且願為他們的長官效命了。」

【點評】

儒家思想是主張仁愛待人，可是鄒穆公與他的官吏不懂這個道理，平時不關心百姓的疾苦，即使是在遭遇了荒年也任其凍餓致死，不肯開倉救濟。所以在這場鄒魯戰爭中，百姓們表現出極其冷淡的態度。然而鄒穆公卻還沒有認清這一點，他不但不反省，甚至還想誅殺他的百姓，這樣做是極不明智的。這是亡國之

先兆。

孟子的高明之處就在於他能透過現象而認清事情的本質，他先直接地指出了鄒國的問題，然後擺出事實，最後概括為「上慢而殘下」，同時還引用了曾子說的話：「戒之戒之！出乎爾者，反乎爾者也。」孟子最後告訴鄒穆公說：「只要你能施行仁政，那麼百姓就會愛戴他的長官，為他效命。」

「以其人之道還治其人之身」說的就是這個道理。用什麼樣的態度去對待別人，別人也會用同樣的態度來對待你。只要你對別人好，別人亦會對你好，相反亦然。

【案例】

誠信為本

對一個人來說，仁義與誠信都很重要，因為它們是不可分割的，是為人處世的法寶。

身為春秋末期魯國有名的思想家、儒學家的曾參，深諳這個道理，因此，他即使面對一個小小的孩子，也十分講誠信。

一天，他的妻子要到市集上買東西，年幼的孩子吵著一起去。曾參的妻子不願帶孩子去，就騙他說：「你在家好好待著，等媽媽回來，我把家裡的豬殺了給你煮肉吃。」孩子聽了，非常高興，不再吵著要去市集了。

曾參的妻子覺得這些話是哄孩子說著玩的，過後便忘了。不料，曾參卻真的把家裡的一頭豬殺了。妻子看到曾參把豬殺了，就對他說，「我是為了讓孩子安

心地在家裡等著，才說把豬殺了煮給他吃的，哄孩子的話，你怎麼當真了呢？」

曾參說：「小孩子更不能欺騙。孩子年紀小，最容易學壞，父母是孩子的老師，是他生活的榜樣。今天妳欺騙了孩子，明天孩子就會欺騙妳、欺騙別人；今天妳在孩子面前言而無信，明天孩子就會不再信任妳，這樣下去，危害就不知道有多大了呀！」

一豬雖小，但誠信事大，不講誠信，其危害是不可估量的，不知道有多大，以下的故事就是一個最好的例證：

古代的周幽王有個妃子叫褒姒，周幽王十分喜歡她。褒姒想要什麼，周幽王都會滿足她的要求，可以說是有求必應。一天，為了博取她的一笑，周幽王下令

在都城附近20多座烽火臺上點起烽火。褒姒笑了，但周幽王卻為此付出了失掉國家的代價。因為烽火是邊關報警的信號，只有在外敵入侵需召諸侯來救援的時候才能點燃。結果諸侯們見到烽火，率領兵將們匆匆趕到，弄明白這是君王為博妻一笑的花招後又憤然離去。從此以後，周幽王在諸侯們眼裡就成了一個不講誠信的人。

五年後，酉夷太戎大舉攻周，幽王烽火再燃而諸侯未到——誰也不願再上第二次當了。結果幽王被逼自刎而褒姒也被俘虜。

以上的幽王之所以落得如此悲慘的結局，有很多原因，其中最重要的就是不講誠信。由此可見，「信」對一個國家的興衰存亡起著非常重要的作用。

事實上，信不僅對一個國家很重要，對個人同樣如此。因此，在生活中，我們要注重誠信品德的培養，養成講誠信的良好習慣，凡事一諾千金，不能出爾反爾。

第十六篇　固守之道

【原文】

滕文公^①問曰：「滕，小國也，間於齊、楚。事齊乎？事楚乎？」

孟子對曰：「是謀非吾所能及也。無已^②，則有一焉：鑿斯池^③也，築斯城也，與民守之，效^④死而民弗去，則是可為也。」

——選自《梁惠王章句下》

【注釋】

①滕文公：戰國時滕國國君。滕，周朝的一個小國家，始祖是周文王之子錯叔繡。故城在今山東滕州附近。

②無已：不得已。

③池：護城河。

④效：致、獻。

【譯文】

滕文公問孟子道：「滕國是個小國，又處在齊國和楚國這兩個大國的中間，（您說我）是侍奉齊國好呢？還是侍奉楚國好呢？」

孟子回答道：「這個問題，不是我所能回答得了的。如果您一定要我說，那麼我就只有一個辦法：就是把護城河挖深，鞏固好城牆，跟百姓們一起固守此城，百姓們寧願獻出生命也不逃離，那麼這樣就可以了。」

【點評】

戰國時期，小國家基本上都投靠一個大國家做附屬國，以尋求保護。滕國是一個小國，滕國東北面與強大的齊國比鄰，南面又與強大的楚國接壤，究竟是投靠哪個國家好呢？所以滕文公就請孟子幫他出個主意。

孟子的回答則是一個都不要投靠，而是應該挖深護城河，築堅固城牆，和百姓們一起，堅守自己的國家。只有這樣才會有國家的尊嚴，就算以後是失敗了，但是別人還是會敬佩您。這總比做別人的附屬國，整天看著別人的臉色行事好多了。

這段對話雖然沒有直接說到仁政，但是從側面也反映了仁政的重要性，若是沒有施行仁政，那就得不到民心，若是失去了民心，百姓們則不會效命。百姓不效命，那堅守國家只是空談了。所以這裡還是突出仁政的重要性。

【案例】

田單的反擊

一個國家，想要在遇到侵略的時候，有強大的抵抗力，就要在平時把護城河挖深，鞏固好城牆，穩定軍心、民心，軍民要一心，一致對外。這樣的道理，很多人都能深深地懂得，但做到卻不容易。

　　田單是戰國時期齊國著名軍事家，是一個謀略過人的人。他曾在極端不利的情況，反敗為勝。

　　西元前284年，燕國大將樂毅攻打齊國，他一路攻克七十多座城池，只僅剩下莒、即墨兩個城市。後來，即墨城守將戰死了，樂毅率燕國大軍趁機包圍了兩個城市，情況十分危急。這時，即墨城的軍民推薦田單為大將，田單義不容辭，他集結七千多士兵加強城池的防護任務，同時，穩定內部，以此避免內部出現差錯。

　　之後，田單用了反間計。他派人去燕國，說樂毅想在齊國稱王，才不著急攻城，其實，即墨城很容易攻陷。

　　由於計畫天衣無縫，燕惠王就中了田單的計，一氣之下，他派騎劫取代樂毅的主帥之位。

　　騎劫有些自以為是，到任後，就強行攻打即墨，並以殘暴的手段對待齊軍。於是，田單將計就計，一時間，燕軍行暴的謠言四處流散，騎劫聽到謠言後，果然照著做，齊人為此氣憤極了，想與燕人一決死戰。這時，田單又派人假投降，並給燕國的大將一些賄賂，燕軍慢慢放鬆了警惕，全然不知道這是田單的緩兵之計。

　　西元前279年，田單認為可以攻打燕軍了，於是，他佈下了「火牛陣」向燕軍反擊，沒有準備的燕軍，一時間陣腳大亂，互相踐踏。

　　於是，田單率眾趁勝追擊，把燕軍趕了出去，然後一股作氣，收復了失陷的七十多座城池，讓燕國再也沒有力量攻打齊國。並讓「火牛陣」成為了歷代陣法

的經典。

　　人生在世，難免會遇到不幸和挫折，遇到挫折並不可怕，只要你學會在極端不利的情況下，沉著冷靜，積蓄力量，那你一定會走出困境。

第十七篇　不輕信他人

【原文】

魯平公①將出，嬖人②臧倉者請曰：「他日君出，則必命有司所之。今乘輿③已駕矣，有司未知所之，敢④請。」

公曰：「將見孟子。」

曰：「何哉，君所為輕身以先於匹夫者？以為賢乎？禮義由賢者出，而孟子之後喪逾前喪⑤。君無見焉！」

公曰：「諾⑥。」

樂正子⑦入見，曰：「君奚為不見孟軻也？」

曰：「或告寡人曰『孟子之後喪逾前喪』，是以不往見也。」

曰：「何哉，君所謂逾者？前以士，後以大夫；前以三鼎，而後以五鼎⑧與？」

曰：「否，謂棺槨衣衾⑨之美也。」

曰：「非所謂逾也，貧富不同也。」

樂正子見孟子，曰：「克告於君，君為⑩來見也。嬖人有臧倉者沮⑪君，君是以不果⑫來也。」

曰：「行，或使之；止，或尼⑬之。行止，非人所能也。吾之不遇魯侯，天也。臧氏之子焉能使予不遇哉？」

——選自《梁惠王章句下》

【注釋】

①魯平公：姬叔，魯國國君，當時，其他六國均已稱「王」，只有魯國仍稱「公」。

②嬖人：被寵信的人。有時也指姬妾。

③乘輿：君王所坐的車。

④敢：做副詞用，這裡無實義。

⑤後喪逾前喪：後喪，是指孟子的母喪；前喪，是指孟子的父喪。

⑥諾：副詞，表示肯定的語氣；這裡是指好吧的意思。

⑦樂正子：即樂正克，孟子弟子，當時在魯國做官。樂正，複姓。

⑧三鼎五鼎：鼎是古代十分重要的器皿，其大小不一，用途也不一樣，多在祭祀時用來放祭品的。一般為：天子九鼎，諸侯為七，卿大夫為五，元士為三。

⑨棺槨衣衾（ㄑㄧㄣ）：棺，內棺；槨：外棺。衣衾：這裡指死者入殮時所用的衣服被褥。四字連在一起說，可以代表裝殮的器物。

⑩為：將。

⑪沮：同「阻」，阻止。

⑫不果：果，為表態副詞，《詞詮》：「凡事與預期相合者曰果。」不果，不相合。

⑬尼（ㄋㄧˇ）：阻止。

【譯文】

　　魯平公準備出宮，他平時比較寵信的大臣臧倉來請示說道：「以前您外出的時候，總是要先告訴有關的官員您要去的地方。可是現在出行的車馬都已準備好了，官員還不知道您要去哪兒，因此斗膽地來向您請示您要去哪裡。」

　　魯平公說：「我要去拜訪孟子。」

　　臧倉說：「您不顧降低自己國君的身分去見一個普通人，這是為什麼呢？是因為您認為他是個賢德的人嗎？禮義是應該由賢德的人來表現，然而孟子為母親所辦的喪事超過了先前為父親所辦的喪事，這就違背了禮儀，所以您還是不要去見他吧！」

　　魯平公說：「好吧！」

　　樂正子進宮拜見了魯平公，問道：「您為什麼沒有去拜訪孟軻呢？」

　　魯平公說：「有人告訴我說『孟子為母親辦的喪事超過了為父親辦的喪事』，所以我就不去見他了。」

　　樂正子說：「您所說的超過指的是什麼呢？是指先前為父親辦的喪事用士禮，後來為母親辦的喪事用大夫之禮；先前辦的喪事是用三個鼎裝祭品，後來辦的喪事是用五個鼎裝祭品嗎？」

　　魯平公說：「不是的，是指棺槨衣衾的華美。」

　　樂正子說：「那不能叫超過，而是前後家境貧富不同而已。」

樂正子去見孟子，說道：「我和魯君說了您的賢德，他本來準備來拜訪您，但是有個叫臧倉的寵臣阻止了他，所以魯君沒有來。」

孟子說：「一個人行動的時候，總有讓他行動的原因；不行動的時候，總有阻止他的原因。行和不行，不是完全由人力所能決定的。我不能夠和魯君見面，這是天意啊！姓臧的小子又怎麼能阻攔我和魯君相見呢？」

【點評】

此章講孟子到魯國去的事，本來魯平公是要去拜訪孟子的，後因臧倉的阻撓，又取消了去拜訪孟子的打算。

孟子的學生樂正子把孟子推薦給了魯平公，當魯平公取消了去拜訪孟子的計畫後，樂正子當然要去問明緣由了。這件事對孟子來說，從其表面上看是小人在作梗，但是其實質卻是：身為一國的國君不經詳查而輕信他言，其意志又不堅定，像這樣的人不見也好。

【案例】

韓信謀反

在歷史的潮流中，因為君王不能信任他的臣子，而加害於臣子的，是數不勝數的。但是同時，如果一個君王，要是失去權威，失去駕馭臣下的能力，那麼他也將會成為任人擺佈的傀儡。因此，身為君王必須要有能夠駕馭臣下的能力，而同時又要信任他的臣子，只有這樣才可以鞏固自己的統治地位。

　　漢高祖劉邦平定天下之後，論功行賞，分封有功之臣。高祖說：「我之所以能取得天下，是因為我能重用賢才。運籌帷幄之中，決勝千里之外，我不如張良；鎮國家，撫百姓，給餉饋，不絕糧道，我不如蕭何；連百萬之眾，戰必勝，攻必取，我不如韓信。他們三位都是人中之豪傑。而我能任用他們，這就是我取勝的原因。」

　　後來，有人上書告楚王韓信謀反。高祖劉邦於是在淮陽地方大會諸侯的時候，趁機逮捕了韓信。劉邦考慮到韓信的才幹，又寬恕了他，只把他降為淮陰侯。高祖又任命陽夏侯陳豨去當趙國的宰相，同時督統趙、代兩地區的戍邊部隊。陳豨臨走的時候，到韓信家裡辭行，韓信對他說：「你現在為趙國宰相，統領天下精兵。皇上現在還是信任你的，但是如果將來有人前後三次在高祖面前告你謀反，那麼高祖就會親自領兵前去征剿，到時，我在京城裡給你做內應，那我們得天下是有希望的。」

　　陳豨到達趙國後，不久就突然叛變，高祖於是親統大軍前去鎮壓了叛亂。

　　陳豨叛亂期間，韓信推托有病，沒有和高祖一起去，而是暗中派人與陳豨勾結，同時，又加緊了在京城內的活動。不料，卻被呂后知道，呂后又告知高祖。高祖讓呂后與蕭何商量，而後把韓信騙召至未央宮內斬殺了。

　　韓信的功勞確實不小，但是高祖並未因他的勞苦功高就姑息遷就他，他對韓信的處置，就充分說明了劉邦是個駕馭臣下能力極強的皇帝，他可不是一個可以任人擺佈的傀儡。

第十八篇　審時度勢

【原文】

公孫丑^①問曰：「夫子當路^②於齊，管仲、晏子^③之功，可復許^④乎？」

孟子曰：「子誠齊人也，知管仲、晏子而已矣。或問乎曾西^⑤曰：『吾子與子路^⑥孰賢？』曾西蹴然^⑦曰：『吾先子^⑧之所畏也。』曰：『然則吾子與管仲孰賢？』曾西艴然^⑨不悅，曰：『爾何曾^⑩比予於管仲？管仲得君，如彼其專也；行乎國政如彼其久也，功烈如彼其卑也。爾何曾比予於是？』」曰^⑪：「管仲，曾西之所不為也，而子為^⑫我願之乎？」

曰：「管仲以其君霸，晏子以其君顯。管仲、晏子猶不足為與？」

曰：「以齊王^⑬，由^⑭反手也。」

曰：「若是，則弟子之惑滋^⑮甚。且以文王之德，百年而後崩，猶未洽^⑯於天下；武王、周公^⑰繼之，然後大行。今言王若易然，則文王不足法與？」

曰：「文王何可當也。由湯至於武丁^⑱，賢聖之君六七作，天下歸殷久矣，久則難變也。武丁朝諸侯，有天下，猶運之掌也。

紂之去武丁未久也[19]，其故家遺俗，流風善政，猶有存者；又有微子、微仲、王子比干、箕子、膠鬲[20]，皆賢人也，相與輔相[21]之，故久而後失之也。尺地莫非其有也；一民莫非其臣也；然而文王猶方百里起，是以難也。

齊人有言曰：『雖有智慧，不如乘勢[22]，雖有鎡基[23]，不如待時。』今時則易然也。夏後、殷、周之盛，地未有過千里者也，而齊有其地矣；雞鳴狗吠相聞，而達乎四境，而齊有其民矣。地不改[24]辟矣，民不改聚矣，行仁政而王，莫之能禦也。且王者之不作，未有疏於此時者也；民之憔悴於虐政，未有甚於此時者也。飢者易為食，渴者易為飲。孔子曰：『德之流行，速於置郵而傳命[25]。』當今之時，萬乘之國行仁政，民之悅之，猶解倒懸也。故事半古之人，功必倍之，惟此時為然。」

——選自《公孫丑章句上》

【注釋】

①公孫丑：姓公孫，名丑，孟子弟子。

②當路：當時的成語。一說為當權、當政。

③管仲、晏子：管仲，春秋初期政治家，曾任齊桓公的宰相，輔佐齊桓公，使之成為春秋時第一個霸主。晏子，即晏嬰，是齊景公的宰相。

④許：興。

⑤曾西：名申，字子西，曾參之子。

⑥吾子與子路：吾子，對人的親密稱呼；子路，姓仲，名由，字子路，孔子弟子。

⑦蹴然：恭敬不安的樣子。

⑧先子：古人對已死的長輩稱為先子，此處指的是曾參。

⑨艴然：生氣的樣子。

⑩曾：竟然。

⑪曰：孟子繼續説。

⑫為：以為。

⑬王：動詞，稱王統一天下。

⑭由：同「猶」。

⑮滋：更加。

⑯洽：和諧。

⑰周公：姓姬，名旦，周文王之子，周武王之弟，因采邑在周（今陝西岐山北），稱
　　為周公。曾輔佐武王伐紂滅商，統一天下後；後又輔佐成王，鞏固了周初的統治。
　　封於魯。

⑱由湯至於武丁：湯，即商湯王；武丁：商朝帝王，後被稱為高宗。

⑲紂之去武丁未久也：據《史記殷本紀》記載，從武丁到紂王只經歷七個皇帝，但在
　　位時間都很短，所以説「紂之去武丁未久也」。

⑳微子、微仲、王子比干、箕子、膠鬲：微子，名啟，商紂王的庶兄。微仲，名衍，
　　微啟的弟弟。王子比干，紂王叔父，因多次勸諫，最後被紂王剖心而死。箕子，紂
　　王叔父。比干被殺後，他就裝瘋為奴，也被紂王囚禁了。膠鬲，紂王之臣。

㉑相與輔相：相與，副詞，共同。輔相，動詞，輔助。

㉒雖有智慧，不如乘勢：智慧雖然重要，但是抓住時機更重要。

㉓鎡基：鋤頭。

㉔改：改，更。

㉕速於置郵而傳命：古代的驛站，《字書》上說：「馬遞曰置，步遞曰郵。」命，政令。

【譯文】

公孫丑問道：「如果是您在齊國當政，能再次建立起來像管仲、晏子那樣的豐功偉業嗎？」

孟子說：「你真是個名副其實的齊國人啊！只知道齊國的管仲、晏子罷了。也曾有人問曾西說：『你和子路相比，哪個更賢能呢？』曾西回答說：『子路是我的先人所敬畏的人，我怎能和他相比呢？』那人又接著問：『那麼你和管仲相比，誰更賢能呢？』曾西聽了，有些生氣了，他說：『你為什麼竟拿我和管仲來比較？管仲很受齊桓公的信任，他執掌國政那麼長的時間，而功業卻很卑微。你怎麼竟拿我和這個人相比呢？』」（孟子接著）說：「管仲那樣的人連曾西都不願意和他相比，我又怎麼願意和他相比呢？」

公孫丑說：「管仲輔助他的君主稱霸天下，晏子使他的君主揚名天下，管仲、晏子還不值得當作楷模效仿嗎？」

孟子說：「憑齊國的條件稱霸天下，是易如反掌的啊！」

公孫丑說：「如果您這樣說，學生我就更不明白了。像文王那樣高的德行，用了近一百年的時間，還沒能統一天下；武王、周公繼承他的事業，這才統一天下。現在您說起統一天下，一副很容易的樣子，那麼，文王也不值得學習了嗎？」

孟子說：「當然不能和文王相比。由商湯到武丁，賢聖的君主也有六、七個，天下歸順商朝很長時間了，時間一長，就不好改變了。武丁使諸侯來朝拜，治理天下，就像把東西放在手中轉動一樣自如。商紂距武丁的時代並不算長遠，（武丁時代）勳舊世家遺留的習俗，與當時社會的良好風氣和仁惠的政教措施，還有些完好地承襲下來，又有微子、微仲、王子比干、箕子、膠鬲這些賢臣輔佐，所以，經歷了很長的時間，他才失去天下。當時，沒有一尺土地不是紂王的疆土，沒有一個老百姓不是他的臣民。所以，文王能在百里見方的一個小地方發跡創業，是很不容易的。

齊國人的俗話說：『雖然有智慧，不如有好的形勢與機遇；雖然有鋤頭，不如等到有利的農時。』現在（要稱王天下）是不難。夏、商、周三朝興盛時期，任何國家的國土縱橫沒有超過一千里的，而現在齊國有那麼大的地方了；雞鳴狗叫互相聽到，一直傳到四周的國境，齊國已經有那麼多的百姓了。土地沒有必要再拓展，百姓沒有必要再增加，只要施行仁政就可以稱王天下了，再也沒有人能阻擋得了的。而且，仁德的君王不出現的時間，沒有比現在更長的了；百姓備受暴政折磨，沒有比現在更痛苦的了。飢餓的人只要有吃的，就什麼也不挑選，乾渴的人只要有喝的，就什麼都不挑選。孔子說：『德政的流行，比驛站政令的傳遞還要快速。』現在，如果有擁有萬輛兵車的大國施行仁政，老百姓會特別高興，就像被人倒懸著時被解救下來一樣。所以，只要付出古人的一半力氣做事，功效必定超過古人的一倍，這只有現在才能做到。」

【點評】

在這章中孟子和公孫丑主要是在討論為什麼「以齊王，猶反手也」。

他認為，齊國有著廣闊的國土和眾多的人口，而這也是稱王於天下的重要物質條件，如果齊國能夠施行「仁政」的話，那必將得到百姓們的擁護，那麼以後要「稱王於天下」就易如反掌了。同時，孟子也比較注意時機的把握，說了「雖有智慧，不如乘勢，雖有鎡基，不如待時」。

在這章中孟子對管仲的評價是比較狹隘的，認為管仲施行的是「霸道」而不是「王道」。其實管仲雖說有很多的缺點，但是他能「相桓公，霸諸侯，一匡天下」。這說明他的能力還是很高的。或許是因為管仲是著名的法家，孟子才對他的評價比較低吧！

【案例】

晏子的外交機智

一個國家如果只有賢明的君主，但是沒有賢明的大臣，那也是不行的。所以大臣們在國家中，佔有很大的分量。這些忠臣良將們抒寫了多少可歌可泣的故事，是數也數不清的。在春秋後期有一位重要的政治家、思想家、外交家，他的政治遠見和外交才能，聞名於諸侯。同時他又是一個愛國憂民，勇於直諫的大臣，曾力諫齊景公輕賦省刑，進而保障百姓的利益。他就是晏子。漢朝劉向在《晏子春秋》中，就把晏子和著名政治家管仲相提並論。

司馬遷在他所著作的《史記》中，也記載了這位機智勇敢的外交使者。有關

晏子的故事在中國流傳很廣，下面這個是他出使楚國的故事。

晏子出使楚國，楚國當時的國王楚靈王知道晏子是個矮個子，就想捉弄他。楚靈王命人在城牆的大門旁邊又開了個小門，讓晏子從小門進去。

晏子到了楚國後，看到大門緊閉，只有旁邊的一個小門開著，看見這種情景，晏子知道這是楚靈王要戲弄他，於是說道：「到了狗國，才走狗洞，難道我現在面前的這個國家不是楚國，而是狗國嗎？」

楚靈王聽他這樣說，只好打開大門讓晏子從大門裡進去。

晏子憑著自己的智慧，挫敗了很多有辱齊國國格和晏子人格的陰謀，而他的名聲也越來越大，最後終於成為著名的外交家。他不僅機智勇敢，而且還愛護百姓，經常為百姓維護權益。就連孔子也稱讚他說道：「救民百姓而不誇，行補三君而不有，晏子君子也！」

第十九篇　培養浩然之氣

【原文】

公孫丑問曰：「夫子加①齊之卿相，得行道焉，雖由此霸王，不異②矣。如此，則動心③否乎？」

孟子曰：「否，我四十不動心。」

曰：「若是，則夫子過孟賁④遠矣。」

曰：「是不難，告子⑤先我不動心。」

曰：「不動心有道乎？」

曰：「有。北宮黝⑥之養勇也：不膚橈⑦，不目逃；思以一豪⑧挫於人，若撻之於市朝⑨；不受於褐寬博⑩，亦不受於萬乘之君；視刺萬乘之君，若刺褐夫；無嚴⑪諸侯，惡聲至，必反之。孟施捨之所養勇也，曰：『視不勝猶勝也；量敵而後進，慮勝而後會，是畏三軍者也。舍豈能為必勝哉？能無懼而已矣。』孟施捨⑫似曾子，北宮黝似子夏⑬。夫二子之勇，未知其孰賢，然而孟施捨守約也。昔者曾子謂子襄⑭曰：『子好勇乎？吾嘗聞大勇於夫子⑮矣：自反而不縮，雖褐寬博，吾不惴⑯焉；自反而縮，雖千萬人，吾往矣。』孟施捨之守氣，又不如曾子之守約也。」

曰：「敢問夫子之不動心與告子之不動心，可得聞與？」

「告子曰：『不得於言，勿求於心[17]；不得於心，勿求於氣[18]。』不得於心，勿求於氣，可；不得於言，勿求於心，不可。夫志，氣之帥也；氣，體之充也。夫志至焉，氣次焉[19]。故曰：『持[20]其志，無暴[21]其氣。』」

「既曰『志至焉，氣次焉』，又曰『持其志，無暴其氣』，何也？」

曰：「志壹[22]則動氣，氣壹則動志也。今夫蹶[23]者、趨者，是氣也，而反動其心。」

「敢問夫子惡乎長？」

曰：「我知言，我善養吾浩然[24]之氣。」

「敢問何謂浩然之氣？」

曰：「難言也。其為氣也，至大至剛，以直養而無害，則塞於天地之間。其為氣也，配義與道；無是，餒也。是集義所生者，非義襲而取之也。行有不慊[25]於心，則餒矣。我故曰，告子未嘗知義，以其外[26]之也。必有事焉，而勿正[27]；心勿忘，勿助長也。無若宋人然：宋人有閔其苗之不長而揠之[28]者，芒芒然[29]歸，謂其人[30]曰：『今日病[31]矣！予助苗長矣！』其子趨而往視之，苗則槁矣。天下之不助苗長者寡矣。以為無益而舍之者，不耘[32]苗者也；助之長者，揠苗者也，非徒無益，而又害之。」

「何謂知言？」

「詖辭知其所蔽^㉝，淫辭知其所陷^㉞，邪辭知其所離^㉟，遁辭知其所窮^㊱。生於其心，害於其政；發於其政，害於其事。聖人復起，必從吾言矣。」

「宰我、子貢^㊲善為說辭，冉牛、閔子、顏淵^㊳善言德行。孔子兼之，曰：『我於辭命，則不能也。』然則夫子既聖矣乎？」

曰：「惡^㊴！是何言也！昔者子貢問於孔子曰：『夫子聖矣乎？』孔子曰：『聖則吾不能，我學不厭而教不倦也。』子貢曰：『學不厭，智也；教不倦，仁也。仁且智，夫子既聖矣。』夫聖，孔子不居。是何言也？」

「昔者竊^㊵聞之：子夏、子游、子張^㊶皆有聖人之一體，冉牛、閔子、顏淵則具體而微。敢問所安。」

曰：「姑舍是^㊷。」

曰：「伯夷、伊尹^㊸何如？」

曰：「不同道。非其君不事，非其民不使；治則進，亂則退，伯夷也。何事非君，何使非民；治亦進，亂亦進，伊尹也。可以仕則仕，可以止則止^㊹，可以久則久，可以速則速，孔子也。皆古聖人也，吾未能有行焉；乃^㊺所願，則學孔子也。」

「伯夷、伊尹於孔子，若是班^㊻乎？」

曰：「否。自有生民以來，未有孔子也。」

曰：「然則有同與？」

曰：「有。得百里之地而君⁴⁷之，皆得以朝諸侯，有天下；行一不義，殺一不辜而得天下，皆不為也。是則同。」

曰：「敢問其所以異。」

曰：「宰我、子貢、有若⁴⁸，智足以知聖人，汙⁴⁹不至阿其所好。宰我曰：『以予觀於夫子，賢於堯、舜遠矣。』

子貢曰：『見其禮而知其政，聞其樂而知其德；由百世之後，等⁵⁰百世之王，莫之能違也。自生民以來，未有夫子也。』有若曰：「豈惟民哉！麒麟之於走獸，鳳凰之於飛鳥，太山之於丘垤⁵¹，河海之於行潦⁵²，類也；聖人之於民，亦類也。出於其類，拔乎其萃⁵³。自生民以來，未有盛於孔子也。』」

——選自《公孫丑章句上》

【注釋】

①加：同「居」。這兩個字古音相同，所以通用。

②異：奇異。

③動心：內心浮動。

④孟賁（ㄅㄣ）：古代著名勇士，衛國人（一說是齊國人）。

⑤告子：名不害，戰國時人。

⑥北宮黝（ーヌˇ）：姓北宮，名黝，齊國人，生平事蹟不詳。

⑦橈（ㄋㄠˊ）：同「撓」，是退卻的意思。

⑧豪：豪同「毫」，趙歧注云：「人拔其一毛。」

⑨市朝（ㄔㄠˊ）：市，市場；朝，朝廷。在這裡是偏義副詞，只有市場的意思，也是公眾場合。

⑩不受於褐寬博：受，承上省略賓語。褐寬博：指地位卑賤的人。朱熹《集注》云：「褐，毛布。寬博，寬大之衣，賤者之服也。」下文的「褐夫」與此意同。

⑪嚴：畏懼，懼怕。

⑫孟施捨：姓孟，名施捨；一說姓孟施，名捨。生平事蹟不詳，從下文所述來看，他可能是如孟賁之類的勇士。

⑬子夏：即卜商，字子夏，孔子弟子。

⑭子襄：曾參弟子。

⑮夫子：這裡指的是孔子。

⑯惴（ㄓㄨㄟˋ）：使……驚懼。

⑰不得於言，勿求於心：不得於言，在言語上不能取勝。勿求於心，朱子云：「不必反求其理於心。」心，思想也。

⑱不得於心，勿求於氣：氣，意氣，感情。這句話的意思是：不能在思想上取得勝利，就不必求助於意氣。

⑲志至焉，氣次焉：至，到；次，止。意志到哪裡，意氣也就在哪裡出現。

⑳持：保持，守定。

㉑暴：亂。

㉒壹：專一。

㉓蹶（ㄐㄩㄝˊ）：摔倒。

㉔浩然：盛大流行之貌。

㉕慊（ㄑㄧㄝˋ）：同「愜」，滿足。

㉖外：外在。

㉗正：止。

㉘閔其苗之不長而揠（ㄧㄚˋ）之：閔同「憫」，憂愁、擔心；揠，拔。

㉙芒芒然：疲憊的樣子。

㉚其人：家裡的人。

㉛病：疲倦。

㉜耘：除草。

㉝詖（ㄅㄧˋ）辭知其所蔽：詖，通「頗」，偏頗。蔽，矇蔽。

㉞淫辭知其所陷：淫，放蕩；陷，錯誤。

㉟邪辭知其所離：邪，離於正就是邪；離，背棄，叛離。

㊱遁辭知其所窮：遁，躲避；窮，理虧。

㊲宰我、子貢：宰我，姓宰，名予，字子我；子貢，姓端木，名賜，字子貢；他們都
　是孔子弟子。

㊳冉牛、閔子、顏淵：冉牛，姓冉，名耕，字伯牛；閔子，姓閔，名損，字子騫；顏
　淵，姓顏，名回，字子淵；他們都是孔子弟子。

㊴惡（ㄨ）：感嘆詞，表示驚訝不安。

㊵竊：表自謙的副詞，無義。

㊶子游、子張：子游，姓言，名偃，字子游；子張，姓顓（ㄓㄨㄢ）孫，名師，字子
　張；他們都是孔子弟子。

㊷姑舍是：姑，且；是，此。

㊸伯夷、伊尹：伯夷與叔齊是商末孤竹國國君的兩個兒子。孤竹國君死後，他們兩人

相互謙讓王位，後兩人都投奔到周。周武王伐紂時，伯夷兄弟兩人攔馬諫阻武王；

周滅商後，兩人隱居首陽山，不食周粟而死。《史記》為其立傳，置於「列傳」之

首。伊尹，商湯之宰相，曾輔佐商湯滅夏。

㊹止：不做。

㊺乃：連接詞，至於。

㊻班：同「般」，一樣。

㊼君：名詞做動詞用，讓他做國君。

㊽有若：姓有，名若，孔子弟子。

㊾汙（ㄨ）：污的異體字，下陷之意。

㊿等：差等。

⑸垤（ㄉㄧㄝˊ）：小土堆。

⑸行潦（ㄌㄠˇ）：小溪。

⑸萃（ㄘㄨㄟˋ）：聚集。

【譯文】

公孫丑問孟子道：「如果讓老師您來擔任齊國的卿相，能夠實行您的主張

了，那麼以後即使建立了霸業或王業，也就不必奇怪了。如果這樣，您是不是會

動心呢？」

孟子說：「不會了，我四十歲以後，就不再動心了。」

公孫丑說：「這樣說來，那老師就遠遠超過孟賁了。」

孟子說：「想要做到這點並不難，告子比我還早就做到不動心了。」

公孫丑問：「想做到不動心有什麼方法嗎？」

孟子說：「這是有的。北宮黝是這樣培養勇氣：肌膚被刺都不退縮，雙目被刺也目不轉睛；但他覺得，如果要是受了一點小委屈，就如同在大庭廣眾之下被人鞭打了一樣；既不能忍受平民百姓的羞辱，也不能忍受大國君主的羞辱；他把刺殺大國君主看得跟刺殺平民百姓一樣；毫不畏懼諸侯，要是諸侯罵他，他一定回擊。孟施捨是這樣培養勇氣：他說：『我對待不能取勝的把他看做能夠取勝的；事先估量了對方的勢力，然後才前進，考慮到勝敗後再交戰，這種人在數量眾多的軍隊面前一定會害怕。我哪能做到必勝呢？我只能做到無所畏懼罷了。』孟施捨的培養勇氣方法像曾子，北宮黝的培養勇氣方法像子夏。這兩個人的勇氣，不知道誰會更強些，但孟施捨是把握住了要領。從前，曾子對子襄說：『你喜歡勇敢嗎？我曾經聽我的老師孔子說過關於大勇的道理：反省自己，要是覺得理虧，那麼即使對平民百姓，我也不恐嚇；反省自己，要是覺得理直，縱然對方有千萬人，我也勇往直前。』孟施捨的培養勇氣方法，又不如曾子能把握住要領。」

公孫丑說：「我想斗膽地問問老師，您的不動心和告子的不動心，區別在哪裡，可以講給我聽聽嗎？」

孟子說：「告子曾說過：『如果在言語上不能取勝，那就不必去求助思想；如果在思想上不能取勝，那不必求助於意氣。』思想上不能取勝，便不必求助意氣，（我認為）這是可以的；但是在言語上不能取勝的，就不去求助於思想，（我認為）這是不可以的。意志是意氣的主帥，而意氣又是充滿體內的。意志到哪裡，意氣就表現到哪裡。所以說：『要堅定意志，不要意氣用事。』」

公孫丑問：「既然說『意志關注到哪裡，意氣就表現到哪裡』，又說『要把握住意志，不要意氣用事』，這是為什麼呢？」

孟子說：「意志專一就能調動意氣，意氣專一也能觸動意志。譬如跌倒和奔跑，這是意氣專注的結果，反過來也使他的意志受到觸動。」

公孫丑問：「請問，老師比告子更擅長哪方面？」

孟子說：「我善於分析和理解各種言論，我善於培養我的浩然之氣。」

公孫丑說：「請問老師什麼是浩然之氣？」

孟子說：「這就比較難說清楚了。它做為一種氣，是最盛大，是最剛強，要靠正義去培養它，而一點都不能傷害它，那麼它就會充塞天地之間。它做為一種氣，要和義與道配合；如果沒有這些，它就會萎縮。它是正義不斷累積所產生的，不是偶然地有過正義的舉動就取得的。只要有一點不義的行為，那麼氣就會萎縮了。因此我說，告子不曾懂得義，因為他把義看做是外在的東西。浩然之氣一定要培養它，不能停止下來；心裡不能忘記它，但也不能違背規律妄自助長它。不要像宋國人那樣：宋國有個擔心他的禾苗長不起來而去拔高它的人，累了一天才回到家中，對家裡人說：『今天累極了，我幫助禾苗長高啦！』他的兒子連忙跑到田裡去看，禾苗已經都枯死了。天下不助苗生長的人實在很少的。以為培養浩然之氣沒有用處而放棄的人，就像是不給禾苗鋤草的人；而妄自幫助它生長的，就像揠苗助長的人，非但沒有任何好處，反而還會危害了它。」

公孫丑問：「怎樣才能去分析和理解各種言論呢？」

孟子說：「偏頗的言論，知道它片面性的地方；過分的言論，知道它陷入錯

誤的地方；邪惡的言論，知道它背離正道的地方；躲閃的言論，知道它理屈辭窮的地方。（這些言論）從思想中產生出來，就會危害政治；從政治上表現出來，就會危害各種事業。如果有聖人再次出現，也一定會贊同我所說的。」

公孫丑說：「宰我、子貢擅長言辭，冉牛、閔子、顏淵擅長講德行。孔子兼有這兩方面的特長，但是他還是說：『我對於辭令，不是很擅長的。』（老師您能知言、善辭、養氣）那麼老師您已經是聖人了嗎？」

孟子說：「唉呀！這是什麼話？從前子貢問孔子道：『老師是聖人了吧？』孔子說：『聖人，我還做不到，我只是學習不知道厭倦，教人不知疲倦而已。』子貢說：『學習不知道厭倦，這樣就有智慧；教人不知疲倦，這是仁德。既有仁德又有智慧，老師您已經是聖人了。』聖人，連孔子尚且都不敢自居──（現在你說我是聖人了，）這是什麼話呀？」

公孫丑說：「從前我曾聽說，子夏、子游、子張都有孔子的一部分長處，冉牛、閔子、顏淵近似具備了孔子的長處，只是還稍微欠缺一點。請問老師您現在是處於哪種情況？」

孟子說：「（我們）暫且不討論這個問題。」

公孫丑問：「伯夷和伊尹這兩人怎麼樣？」

孟子說：「他們不是同道中人，所以處世的方法也不同。不是理想的君主就不去侍奉，不是理想的百姓就不去使喚；天下太平了就入朝為官，天下動亂了就辭官隱居，這就是伯夷的處世方法。不管什麼樣的君王都能去侍奉，不管什麼樣的百姓都可以去使喚，天下太平的時候去做官，天下動亂的時候也去做官，這是

伊尹的處世方法。應該做官的就做官，應該辭官的就辭官，應該繼續做的就繼續做，應該趕快辭職的就趕快辭職，這是孔子的處世方法。這些人都是古代的聖人，我還不能做到他們那樣；而我的心願，就是學習孔子。」

公孫丑問：「伯夷、伊尹和孔子他們不都一樣是聖賢嗎？」

孟子說：「不。自有人類以來，還沒有能比得上孔子的。」

公孫丑問：「那麼他們之間有沒有什麼共同之處？」

孟子說：「有。如果讓他們去一塊方圓百里的地方做君主，他們都能使諸侯來朝見並統一天下；如果讓他們做一件不義的事，殺一個無辜的人就可以讓他們得到天下，他們都不會去做的。這些是共同的地方。」

公孫丑說：「請問那他們之間的不同地方在哪裡？」

孟子說：「宰我、子貢、有若，他們的智慧足以瞭解孔子，即使有所缺點，也不至於偏袒他們所敬愛的人。宰我說：『根據我的觀察，老師已經遠遠超過堯、舜了。』子貢說：『考察一國的禮制，就可以知道一國的政治；聽了一國的音樂，就可以瞭解一國的道德教育；即使從一百代以後來評價這一百代的君主，也沒有任何一個人可以違背孔子之道的。自有人類以來，還沒有能比得上老師的。』有若說：『難道說只有人才有高下的區別嗎？麒麟對於走獸，鳳凰對於飛鳥，泰山對於土丘，河海對於水溝，都是同類的；聖人對於百姓，也是同類的。（老師）卻超出了同類，超出了那群人。自有人類以來，沒有比孔子更偉大的了。』」

【點評】

這章是關於孟子對於浩然之氣的論述，對後世的人格精神培養起了重大的作用。

文中說了一個揠苗助長的故事，這個故事告誡人們，做任何的事情都不能違背其自然的規律。如想要培養一種精神，那麼就必須在道義的薰陶下經過認真地磨礪、修練，才能成功。想要用投機取巧的方法獲得成功，是不可能的。

南宋愛國志士文天祥臨刑前作《正氣歌》以表志，其中所寫「天地有正氣，雜然賦流形，於人曰浩然，沛乎塞蒼溟」詩句就是引用了孟子的浩然之氣的論述。

總之，浩然之氣，是對自我修養的一種提升。想要養成浩然之氣，就需要「配義與道」，長時間的修養而成；不能望其速成而揠苗助長。氣是內在的修為，發之於外，則是言語行為，即言為心聲。

【案例】

文天祥捨生取義

「人生自古誰無死，留取丹心照汗青。」南宋的著名愛國將領文天祥的這首詩句，大家都應該相當熟悉吧！

文天祥於宋寶佑四年（西元1256年）到臨安應考，中了狀元。先後歷任了簽書寧海軍節度判官廳公事、刑部郎官、江西提刑、尚書左司郎官、湖南提刑、知贛州等職。

德佑元年（西元1275年）正月，元世祖忽必烈下令進攻南宋。文天祥在贛州知道後，組織了幾萬名義兵，開赴臨安。文天祥率領軍隊去臨安後，積極請求與元軍作戰，並且親自去平江（今蘇州）前線作戰。次年，朝廷任命文天祥為右丞相兼樞密使，被派往元營與敵人談判。他在敵營中慷慨陳詞，嚴厲駁斥敵人侵犯南宋的侵略行為，堅貞不屈，拒不投降，被敵人扣留。文天祥在被押往大都的途中，趁元軍防備不嚴而逃脫。他從海上南下，到達福州後，與張世傑、陸秀夫等聯合在一起，堅持抵抗元軍的爭戰。

景炎二年（西元1277年），文天祥進兵江西，接連打了幾次勝仗，雖收復了許多被元軍佔領的州縣。終因寡不敵眾，最後被元軍重兵打敗，文天祥於是領軍退守廣東，繼續堅持抵抗。同年十二月，因叛徒引元兵襲擊，文天祥在五坡嶺（今廣東海豐縣）被俘。元將張弘范逼迫文天祥給張世傑寫招降書，遭到文天祥的斷然拒絕。當押解的船隊經過珠江口外的零丁洋時，文天祥感慨萬千，揮筆寫下著名的《過零丁洋》，以表自己的決死之心。「人生自古誰無死，留取丹心照汗青。」這兩句詩，激勵了後世多少的英雄豪傑。

文天祥被關押在大牢裡的時候，元世祖經常派人去勸他投降。但是文天祥始終堅貞不屈，並且在大牢裡還寫了大量的詩詞，其中最著名的就是《正氣歌》，這首詩驚天地，泣鬼神，可以說是表現了文天祥寧死不屈的高尚民族氣節，並且永遠的載入史冊。

文天祥在大牢裡受盡各種殘酷的虐待和摧殘。但是不論他們用什麼樣的手段勸他投降。他都懷著忠貞報國的堅定志向，誓不降元。最後元世祖忽必烈親自前去招降，並用高官厚祿引誘文天祥投降。文天祥堅定不移地對忽必烈說：「宋朝已經滅亡，我應當以死報國，我現在除了一死之外，就沒有別的可做了。」元世

祖忽必烈聽後惱羞成怒，於至元二十年（西元1283年）在大都將文天祥殺害，當年文天祥才年僅四十七歲。

　　文天祥之所以有這種高尚的品格，就在於他的心中有一股浩然正氣。正是這股浩然正氣，引領他走完了這一生，並讓後人永遠地把他記在心中。

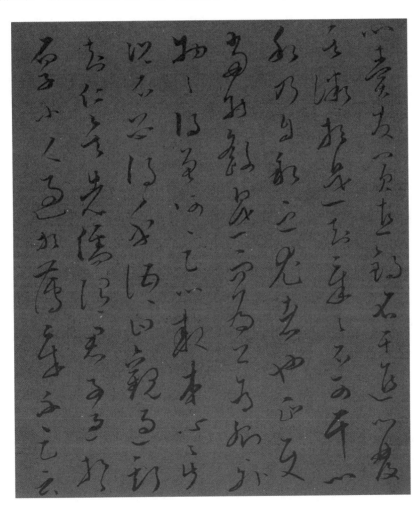

第二十篇　以德服人

【原文】

孟子曰：「以力假①仁者霸，霸必有大國；以德行仁者王，王不待大，湯以七十里，文王以百里。以力服人者，非心服也，力不贍②也；以德服人者，中心悦而誠服也，如七十子③之服孔子也。《詩》④云：『自西自東，自南自北，無思⑤不服。』此之謂也。」

——選自《公孫丑章句上》

【注釋】

①假：假借。

②贍：充足。

③七十子：《史記·孔子世家》記載：「孔子以詩書禮樂教，弟子蓋有三千焉，身通六藝者七十有二人。」通稱為「七十子」。

④《詩》：《詩經·大雅·文王有聲》。

⑤思：語助詞，無義。

【譯文】

孟子說：「憑藉武力然後假借仁義的名義，可以稱霸諸侯，稱霸必須憑藉強

大的國力；講道德並施行仁義的，可以讓天下歸服，讓天下歸服不需要以國力強大為基礎──商湯僅憑縱橫七十里的地方，文王僅憑縱橫百里的地方，就讓天下歸服。靠武力使人服從的，人家不是真心的服從，只是力量不夠大罷了；憑藉德使人服從的，人家是心裡高興，是真心的歸服，就像七十多個弟子敬服孔子一樣。《詩經》上所說的：『從西從東，從南從北，無不心悅誠服。』說的就是這種道理。」

【點評】

此節講的是「王霸之辨」，「王霸之辨」是孟子政治思想的重要組成部分。

以武服人者，乃口服心不服；以德服人者，乃口服心服。

以武服人，目的就是想讓別人服他，因為自身的原因，別人也不敢不服。所以，以武服人者，一開始就必須有強大的力量做為後盾。

以德服人，無意讓別人服他，只想施行仁義，因為這樣，大家反而都服他。所以，以德服人者，一開始並不一定都很強大，但到最後，肯定是最強大的。

歷史上諸葛亮對孟獲七擒七縱，就是最典型的「以德服人」了。

【案例】

諸葛亮七擒七縱孟獲

三國時，諸葛亮對孟獲的七擒七縱這個故事，大家應該都很熟悉，同時這也是一個以德服人最經典的故事。

　　三國時，蜀國後主劉禪剛繼位不久，南蠻王孟獲便帶領十萬蠻兵起兵造反，不斷侵掠蜀國邊境，這樣便給蜀國的後方帶來極大的威脅。於是，諸葛亮親自帶領川兵五十萬大軍前去征討，以趙雲、魏延為大將，率馬岱、馬謖、王平、張翼等部將，長驅直入攻向南中。

　　孟獲是南中的酋長。他以英勇善戰、為人俠義而聞名，所以在南人中很有威望。他聽說蜀兵南下就率兵迎戰。

　　諸葛亮知道孟獲是個有勇無謀的人，於是便把隊伍交錯，旗幟雜亂，以迷惑孟獲，同時又授計給將領，讓他們去安排準備。果然，孟獲看見蜀軍的隊伍後，心裡就想：「人們都說諸葛丞相用兵如神，看來是太誇張了。」孟獲就衝出陣去與王平交戰。但是還沒有幾個回合，王平回頭就跑，孟獲這時很得意，便緊追不捨，一口氣追趕了二十多里。忽然殺聲四起，左有張嶷，右有張翼，他們截斷了孟獲的退路。王平又返身殺回，南兵大敗，孟獲拼命衝出重圍，行走不遠，遇見了趙雲所帶的部隊攔住了去路。孟獲早就聽說過趙雲的厲害，慌忙帶領幾十個騎兵逃進山谷。孟獲這時是，前面路狹山陡，後面追兵漸近，孟獲只得丟下馬匹爬山。就在這時，又是一陣鼓聲，原來諸葛亮早就瞭解了這一帶地形，派魏延帶領士兵在這兒埋伏，結果不費吹灰之力就活捉了孟獲。

　　活捉孟獲後，諸葛亮問孟獲：「現在你被我活捉了，你心服嗎？」孟獲說：「我是因為山路狹陡才被你捉住的，怎麼會服呢？」諸葛亮說：「你既然不服，那我就放你回去怎樣？」孟獲說：「如果你放了我，讓我重整兵馬，和你決一高低，那時我要是再被你活捉，我就服了。」諸葛亮說：「那好！」說完便讓人給孟獲鬆綁，並以酒肉招待以後，放出營帳。

諸葛亮的這個做法，眾將領都非常不理解，於是問諸葛亮說：「孟獲是蠻兵的首領，擒住他南方才能平定，丞相為什麼又把他放了？」

諸葛亮笑著說：「我想要抓他，就像是探囊取物，但只有降了他的心，他以後才不會再反。」

孟獲回去後，重整軍馬，準備再戰。這時，他手下的兩個洞主被俘虜後也都被放回，孟獲就派他們倆迎戰，但是他們又打了

敗仗。孟獲懷疑他們倆是故意被打敗的，於是便把他們痛打了一百軍棍。這兩人一怒之下，帶了一百多個被放回來的南兵，衝進孟獲的營帳，趁機把喝醉了的孟獲綁住了，獻給了諸葛亮。

這一次被活捉的孟獲在面對諸葛亮時，卻依然振振有詞地說：「這不是你的能耐，而是我手下人幹的，怎麼能讓我心服呢？」諸葛亮便又一次放了孟獲。並且還帶他觀看蜀軍如山的糧草和明亮的刀槍。孟獲則一邊走，一邊注意各個營寨的位置和情況。參觀完後，諸葛亮親自為他送行。

孟獲回到本寨，對弟弟孟優說：「我已經知道了蜀營的狀況了，現在可以一

舉打垮蜀軍了！」兩人當下設了一個計謀。第二天，孟優帶著一百多名南兵，抬著許多金銀珠寶來到了諸葛亮的大營，向諸葛亮投降來了，諸葛亮早就知道他們是詐降，將計就計，設宴款待他們，並利用藥酒將他們全都迷倒在地。當天晚上，孟獲把南兵分為三隊，前來劫寨，他原以為有孟優做內應，而諸葛亮又沒有防備，肯定可以活捉諸葛亮。但是他不知道諸葛亮已經知道了他的計謀，於是孟獲再次落入諸葛亮的圈套，第三次當了俘虜。

這次孟獲還是不服，諸葛亮又讓孟獲回去。後來幾次，諸葛亮又用計策活捉了孟獲。孟獲這才對諸葛亮說：「七擒七縱，自古未有，我要是再不感謝丞相的恩德，可就太沒有羞恥了。丞相天威，南人永不造反。」諸葛亮聽後，問道：「你真的心服了嗎？」孟獲哭著說：「我們子子孫孫都感謝丞相再生之恩，怎麼能不心服呢？」

諸葛亮對孟獲的七擒七縱，以德降服孟獲的故事，同時再一次證實了孟子「以德服人者，中心悅而誠服也」的名言。

第二十一篇　自作孽，不可活

【原文】

孟子曰：「仁則榮，不仁則辱。今惡辱而居不仁，是猶惡濕而居下也。如惡之，莫如貴德而尊士，賢者在位，能者在職。國家閒暇，及是時，明其政刑[1]，雖大國必畏之矣。《詩》[2]云：『迨天之未陰雨，徹彼桑土[3]，綢繆[4]牖戶。今此下民[5]，或敢侮予？』孔子曰：『為此詩者，其知道乎！能治其國家，誰敢侮之？』今國家閒暇，及是時，般樂怠敖[6]，是自求禍也。禍福無不自己求之者。《詩》[7]云：『永言配命[8]，自求多福。』《太甲》[9]曰：『天作孽，猶可違[10]；自作孽，不可活[11]。』此之謂也。」

——選自《公孫丑章句上》

【注釋】

①刑：法。

②《詩》：《詩經·豳風·鴟鴞》。

③徹彼桑土：徹，取；桑土，桑根，這裡應該是指桑根之皮。

④綢繆（ㄇㄡˊ）：纏結。

⑤下民：以小鳥的口吻寫的，其巢在上，人在樹下，所以稱民為「下民」。

⑥般（ㄅㄢ）樂怠敖：般樂，同義複詞；怠，怠惰；敖，同「遨」，出遊。

⑦《詩》：《詩經·大雅·文王》。

⑧永言配命：永，長。配命，指的是周朝之命與天齊；言，語助詞，無義。

⑨《太甲》：《尚書》中的一篇已失傳；現在《尚書》中的《太甲》，係晉人偽作。

⑩違：躲避。

⑪活：是「迉」（ㄏㄨㄢˋ）的借字，逃的意思。

【譯文】

　　孟子說：「實行仁政就能獲得尊榮，不實行仁政就招來恥辱。假若有人厭惡恥辱卻又心安理得地不實行仁政，這就和厭惡潮濕卻又安然地居住在低窪的地方的人一樣。假如是真的厭惡恥辱，就要崇尚道德、尊重賢士，讓賢士做官治理國家，讓有能力的發揮他的特長，辦重要的事。這樣國家就可以長治久安，如果再能趁這時候修明政教刑法，（這樣，）即使再強大的國家也必然會怕它了。《詩經》上說：『趕上沒陰雨的好天氣，用桑皮拌上泥，細細修葺窗洞門戶。看看下邊的人，有誰再敢把我欺？』孔子說：『能寫這首詩的人，是懂得大道理的人啊！能治理好他的國家，誰還敢把他欺侮？』如果國家長治久安，趁這時候尋歡作樂，怠惰散慢，就等於是自找災禍啊！禍與福，都是自找的，與他人無關。《詩經》上說：『永遠順承天命，自己求福才能多福。』《太甲》說：『上天降下的災禍，還有辦法可以躲逃；自己造下的罪孽，那就是自找死路了。』說的正是這個道理。」

【點評】

　　孟子在這章中為了讓人們，特別是執政者能夠講仁義，做仁人，施仁政，又

從榮辱禍福這個角度出發加以論述。孟子指出「仁則榮，不仁則辱」，並進一步指出該如何施行仁政，即要「貴德尊士」，讓「賢者在位，能者在職」，在國家還未出現禍亂前，就要未雨綢繆，「明其政刑」，使政治清明，法典完備。這些論說，至今仍有借鏡意義。

「天作孽，猶可違；自作孽，不可活。」這句話，等於是給當時的人甚至對之後的人都敲起了警鐘。

【案例】

石虎的滅亡

有很多的君王剛登基的時候，都勤修國政，都想把國家治理的很好，可是慢慢的就會變了樣，看那唐玄宗，剛開始時是何等奮發向上，可是到後來，為了愛妃楊玉環，把好好的一個國家弄得雞犬不寧，才有了「安史之亂」。其實在十六國時期，也有一個這樣的君王。他就是石虎。

石虎是十六國時期趙國的第三代君主，也是中國歷史上一位惡名昭彰的暴君。他的生活奢侈程度超過了歷代的君王。

石虎剛開始稱帝後，首先加強農業生產。他先派官員帶領百姓開展屯田，發展農業生產，使典農中郎將王典率眾萬餘屯田於海濱，自幽州東至白狼，大興屯田，石虎又採取各種方法屯集糧食。屯田外，石虎還注意屯糧，備賑災荒。將收集到的糧食，依傍河岸建倉儲存，減少百姓轉運的勞煩。此外，還下令凡犯罪者可以以糧贖刑，並將這些糧食儲存起來，等到災年，下令開倉賑民供種，提高農民的生產積極性。此外，為確保生產，石虎還仿效歷代皇帝，親自在桑欄梓園耕

籍田，對地方官吏不修田地農桑者予以貶斥。在發展農業生產的同時，石虎還很注重整頓吏治，進一步推廣儒家思想，使之成為統治的思想基礎。石虎即位後，重新設置國子博士、助教，下詔命郡國立《五經》博士，又遣國子博士到洛陽寫經，於秘書省校中經，命國子祭酒聶熊注《穀梁春秋》做為學校讀本，藉以推廣儒家思想。他又下令吏部以九品官人法選拔官吏，然後由中書省、門下省宣佈名單，被宣佈者方可任用為官。詔令同時規定：「銓衡不奉行者，御史彈坐以聞。」懲罰那些貪贓枉法、徇私舞弊的選官之官，保障九品官人法的嚴格執行。經過整頓，吏治有所好轉，貪官污吏橫行霸道的局面有所改變。

但是石虎這個人生性殘忍暴虐，用《晉書‧石虎載記》的話說就是：「假豹姿於羊質，騁梟心於狼性。」他在發跡前，不僅用殘酷的手段先後殺死兩位妻子，即使是在軍隊中，如果遇到與他一樣強健的戰士，他會以打獵戲鬥為由，藉機將對手殺死，以解心頭之快；戰鬥中，對俘獲的俘虜，不分好壞，不分男女一律坑殺，很少有俘虜生還。他做了趙王以後，本性不改，更加地窮奢極欲，勞民傷財，此外，他還大肆營建宮殿。石虎將都城遷到鄴城後，又派人到洛陽將九龍、翁仲、銅駝、飛廉轉運到鄴城裝點宮殿。在鄴城，石虎又修建觀台40多所，又營建長安、洛陽的宮殿，兩地服役的人有40多萬。為了征討前燕，石虎又下令司、冀、青、徐、幽、并、雍兼已免除徭役之家五丁取三、四丁取二；為了征討戰爭，石虎又命黃河以南四州之內的人民準備南下進攻的裝備，要求并、朔、秦、雍準備向西攻討的物質。各州為石虎征戰造兵器的就有50萬人，近100萬人口脫離農業在外為石虎服勞役、軍役，只有不到3／10的人口在從事農業生產。而徵調來的百姓，又沒有生命保障。據記載，在徵調做船夫的17萬人當中，就有1／3遭殺害。除此之外，石虎又強令百姓五人出車1乘、牛2頭、米15斛、絹10匹，為征戰備物，如有違令不徵者，以斬論處。在此嚴酷統治下，百姓只好賣子以充徵

調，沉重的勞役、徵調負擔，造成石趙國道路上「死者相望」的淒涼景象。

石虎暴虐無道，殘害百姓，政苛刑酷，心如蛇蠍。他的殘暴統治最終激起了廣大人民的反抗。在各地人民起義的烽火中，這個暴君結束了自己罪惡的一生。

石虎雖是歷史上有名的暴君，但他同時又採取一些措施鞏固政權，如糧食儲備政策、九品選官制，對吏治的整頓等一系列措施又緩和了衝突，使其能在北方戰亂的局面下維持住一段時期的統治。這也正如孟子所說的「自作孽，不可活」，這一切都是取決自己怎麼去做的。

第二十二篇　尊賢使能，俊傑在位

【原文】

孟子曰：「尊賢使能，俊傑①在位，則天下之士②皆悅，而願立於其朝矣；市，廛而不徵③，法而不廛，則天下之商皆悅，而願藏於其市矣；關，譏④而不徵，則天下之旅⑤皆悅，而願出於其路矣；耕者，助⑥而不稅，則天下之農皆悅，而願耕於其野矣；廛⑦，無夫里之布⑧，則天下之民皆悅，而願為之氓⑨矣。信能行此五者，則鄰國之民仰之若父母矣。率其子弟，攻其父母，自有生民以來，未有能濟者也。如此，則無敵於天下。無敵於天下者，天吏⑩也。然而不王者，未之有也。」

——選自《公孫丑章句上》

【注釋】

①俊傑：才華、德行出眾的人。

②士：指有知識、有道德的百姓。

③廛（彳ㄢˊ）而不徵：廛：儲藏、堆放貨物的場所。徵，徵稅。

④譏：同「稽」，稽查。

⑤旅：旅客，行旅。

⑥助：指助耕公田。把九百畝的田地，分成九塊，每塊百畝，其中一塊做為公田，其餘八塊分給八家，八家同養公田。

⑦廛：此處指民居。

⑧夫里之布：即「夫布」、「里布」。「夫布」，勞役稅；「里布」，土地稅。布，
　古代的一種貨幣。

⑨氓（ㄇㄥˊ）：外來之民。

⑩天吏：天，天下；吏，治人者。

【譯文】

　　孟子說：「尊重有賢德的人才，任用有知識、有能力的人才，傑出的人才要安排於重要的位置上，這樣，天下的賢德士子都會感到高興，而且很高興到那個朝廷去做官；市場上，能提供存放貨物的場地，但場地不徵貨物稅，如果貨物滯銷，能依照規定價格收購，不讓大量的貨物在貨場積壓，那麼天下的商人都會感到高興，願意把貨物存放在那個市場上了；設立關卡，只檢查不徵稅，這樣，天下的旅客都會快樂，願意經過那條路去旅行；種田的農民，只要他們耕種公田，不徵收私田的賦稅，這樣，天下的種田人都會高興，願意在那樣的田野裡種田；在人們居住的地方，如果不收勞役稅和額外的地稅，那麼，天下的百姓都會很愉快，願意做他那地方的百姓了。真能做到以上的五個方面，那麼，鄰國的百姓就會如敬仰父母一樣敬仰他的。（鄰國想要率領這樣的百姓來攻打他，那正像是）率領兒女去攻打他們的父母，自有人類以來，就沒有能成功的。如此，就能天下無敵。天下無敵的人，是奉了上天使命的人。這樣還不能稱王的，是自古沒有過的。」

【點評】

　　孟子在本章中所說的五項措施中，要得到很好的實行，關鍵在於能使「尊賢使能，俊傑在位」。只有任用賢能之人，那麼國家如何去理治、該怎麼立法、百姓怎樣去使喚、怎樣去徵稅收，這些問題都可以迎刃而解。此章主要講的還是孟子一貫的政治主張即「仁政」和「王道」。但是在這裡，孟子還提出了「天吏」這個概念，按傳統注家的觀點，「天吏」就是「奉了上天使命的人」，就是天下無敵的人的意思。

【案例】

劉邦能任用賢才

　　楚漢相爭，最終以漢王劉邦取得天下而結束。

　　劉邦之所以能得天下，主要原因是他麾下有人才，而他又能做到讓他們充分發揮他們的聰明才智。項羽之所以敗北，最後自刎於烏江，是在於他不僅不懂得讓他的部下發揮出他們的才智，而且還不能容納天下的賢士。

　　有一次，劉邦向群臣問道：「朕為何能夠取得天下，而項羽又為何會失去天下呢？請大家直率地告訴我。」高起和王陵分別回答高祖說：「項羽性情高傲，而陛下人情味很濃；陛下取得勝利，能無私地把戰利品分給大家，而項羽卻是中飽私囊；陛下用人不疑，而項羽卻又偏愛猜忌，所以您取得了天下，而項羽失了江山。」

　　劉邦聽言，不以為然地說：「你們只知其一，不知其二。若論運籌帷幄之

中，決勝千里之外，我不如張良；論鎮定國家，安撫百姓，供給軍餉，糧道不斷，我不如蕭何；論統帥百萬大軍，戰必勝，攻必取，我不如韓信。三位都是當今世上傑出的人才，能讓他們做我的得力助手，這才是我能奪得天下的原因。而項羽只有一個范增，但是還不能重用他，他怎麼能不失天下。」

劉邦認為，他之所以能得天下的主要原因是在於麾下有人才，而自己又做到充分發揮這些人才的聰明才智。而項羽呢，他有一個亞父范增，他不但不信任他，反而對他有猜忌之心，最後使范增被迫告老還鄉，鬱鬱而死。項羽不懂得怎麼去讓部下發揮他們的才智，又不能招攬和容納天下的賢士，以致於最後眾叛親離，自刎烏江。這是項羽失敗的主要原因了。

唐太宗李世民也是一個任用賢良的君主，正因為如此才創造了「貞觀之治」。讓唐朝達到了一個最鼎盛的時期。

第二十三篇　不忍人之心

【原文】

孟子曰：「人皆有不忍人之心①。先王有不忍人之心，斯有不忍人之政矣。以不忍人之心，行不忍人之政，治天下可運之掌上。所以謂人皆有不忍人之心者，今人乍見②孺子將入於井，皆有怵惕惻隱③之心。非所以內交④於孺子之父母也，非所以要⑤譽於鄉黨朋友也，非惡其聲而然也⑥。由是觀之，無惻隱之心，非人也；無羞惡之心，非人也；無辭讓之心，非人也；無是非之心，非人也。惻隱之心，仁之端⑦也；羞惡之心，義之端也；辭讓之心，禮之端也；是非之心，智之端也。人之有是四端也，猶其有四體⑧也。有是四端而自謂不能者，自賊⑨者也；謂其君不能者，賊其君者也。凡有四端於我⑩者，知皆擴而充之⑪矣，若火之始然⑫，泉之始達。苟能充之，足以保四海；苟不充之，不足以事父母。」

——選自《公孫丑章句上》

【注釋】

①不忍人之心：不忍看著別人受到傷害的心。即下文所說的「惻隱之心」。

②乍見：乍：忽然，突然；這裡指忽然看見。

③怵（ㄔㄨˋ）惕（ㄊㄧˋ）惻隱：怵惕，驚恐，驚懼。惻隱：同情，哀痛。

④內交：內，同「納」；內交，結交。

⑤要：求。

⑥然：這樣做。

⑦端：開始、開端。

⑧四體：四肢。

⑨自賊：自暴自棄。

⑩我：己。

⑪擴而充之：擴充，擴大。

⑫然：同「燃」。

【譯文】

　　孟子說：「人都有不忍傷害別人的惻隱之心。先王正是擁有不忍傷害別人的惻隱之心，才會有了不忍傷害人民的政治。用不忍傷害別人的惻隱之心，去施行不忍傷害人民的仁政，那麼治理天下，就會像在手掌中轉動東西那樣容易。之所以說每個人都擁有不忍傷害別人的惻隱之心，它的道理在於：假如現在有人忽然看到一個孩子要掉進井裡去了，都會有驚恐同情的心情──這不是想藉此和孩子的父母攀交情，也不是要在鄉鄰朋友中博取名聲，更不是討厭那孩子的哭叫聲才這麼做的。由此看來，一個人要是沒有了同情心，那就不算是人了；要是沒有了羞恥心，也不算是人了；要是沒有了禮讓心，那也不算是人了；要是沒有了是非心，那也不算是人了。同情之心是仁的開端，羞恥之心是義的開端，禮讓之心是禮的開端，是非之心是智的開端。人有這四種開端，就像他有四肢一樣。有這四種開端卻說自己不行，這是自暴自棄的人；說他的君主不行，這是毀害他的君主。凡是認為自身擁有這四種開端的，如果懂得擴大充實它們，（它們就會）像

火剛剛燃起，泉水剛剛湧出一樣，不可阻擋。如果去擴充它們，那就足以安定天下；如果不去擴充它們，那麼就連侍奉自己的父母都做不到了。」

【點評】

「不忍人之心」可以說是孟子思想的核心。孟子以有沒有「不忍人之心」來確定是不是可以去施行不忍傷害人民的仁政，同時又用這個來定人獸之異。孟子認為「不忍人之心」是人的本質，是道德的根源。

在這裡孟子透過一件事情來說明人的善心，即：今人乍見孺子將入於井。從這裡提出了惻隱之心、羞恥之心、禮讓之心和是非之心。他強調要是人沒有了這四種心，就不能算是人了。

這四種心是「仁義禮智」的開端，一個起點，還必須去擴充，才能達到「火之始然，泉之始達」的效果。為政者要是去擴充了，那就可以安定天下了；要是不去擴充，或許瞻養自己的父母都不可能了。

孟子所宣導的仁政、王道等理論，都是以人性善這一核心理論為基礎的。因而，讀懂這篇的內容對於孟子思想的把握，可以說是十分重要的。

【案例】

商湯王的「網開一面」

中國有句處世之道的古話叫「與人為善」，是說人不論什麼時候，都要以善的一面對待別人。與人為善，並不是為了得到回報，而是為了讓自己活得更快

樂。與人為善其實極易做到的，它並不要你刻意去做作，只要有一顆平常心就可以了。

商朝的開國皇帝商湯王，本性仁慈，他不但愛民如子，就連飛禽走獸他也是同樣的愛護。

有一天他出巡視察，在野外他看見獵人張起四面的羅網來捕捉禽獸，並且口中唸唸有辭地祈禱：「無論是從天上來的，從地下來的，或是從四面八方來的，都到我的網裡來。」湯聽了之後就說：「噫！這太過分了，這不是想一網打盡嗎？」於是湯王讓獵人為禽獸除去三面網，只留一面，而又祝願說：「想要往左的就往左，想要往右的就往右，要往上的就往上，要往下的就往下；隨意而去，投奔自由。如果業障所致，無可遁逃，就進入我的網吧！這也是自投羅網，無可奈何！」

四方諸侯和百姓們聽到了這個消息，都很高興地說：「湯王的聖德真是到了極點，連禽獸都這麼愛護，真是聖君呀！」於是都自願來歸順，前後總共有四十六國之多。當時夏朝的桀王既荒淫無道，又濫殺無辜；最後搞得天怒人怨，老百姓對桀痛恨到了極點。於是商湯王乃順天命，應人心，討伐夏桀，滅夏建商。

世上有一種人，掃地都害怕傷害地上的小蟲，怕飛蛾撲火，用紗布把燈罩上，這是因為對萬物生靈都有仁愛之心。只有「不忍人之心」，才會這樣去做。

第二十四篇　聞善則拜

【原文】

孟子曰：「子路，人告之以有過，則喜。禹①聞善言，則拜。大舜有大②焉，善與人同③，舍己從人，樂取於人以為善。自耕稼、陶、漁④以至為帝，無非取於人者。取諸人以為善，是與⑤人為善者也。故君子莫大乎與人為善。」

——選自《公孫丑章句上》

【注釋】

①禹：傳說中古代部落聯盟的領袖，曾奉舜命治理洪水，三過家門而不入的偉大人物，後成為夏朝開國君主。

②有大：有，同「又」；大，更加偉大。

③同：「同」同「通」。

④耕稼、陶、漁：耕稼，種地；陶，製作陶器；漁，捕魚。

⑤與：說明，贊助。

【譯文】

孟子說：「子路，當別人指出他的過錯時，他就很高興。禹，聽到對自己有幫助的話，就會向人家拜謝。然而大舜更偉大，他與人一起行仁道，拋棄自己缺

點，而學習別人的長處，同時又樂於汲取別人的優點來修養自己的德行。舜從當農夫、陶工、漁夫，直到成為天子，他身上的優點可以說都是從別人那裡學來的。汲取眾人的優點來修養自己的德行，這又相當於幫助別人為善一樣。所以，君子最高的德行就是能與人一同行善。」

【點評】

這章中，孟子透過了三位人物來表述古代聖賢的平常行為。

子路是「人告之以有過則喜」，他的前提條件是「人告之以有過」；禹是「聞善言則拜」，他的前提條件是要「聞善言」；舜是「善與人同，舍己從人，樂取於人以為善」，他的前提條件是只要有人的地方就可以了。這樣看來，大舜是最偉大的，禹次之舜，子路次之禹。

聞過則喜，是知錯而能改；聞善言則拜，是不待有錯，而知該如何行事；與人為善，學習別人的優點，而與天下人一起行善。

【案例】

知錯就改

中國古代，有許多賢人都有聞過則喜、勇於改過的故事，而這些故事也被後人傳為佳話，做為自己的修身的原則。

宋朝有一個叫申顏的人，他有一個很要好的朋友叫侯無可。侯無可為人處事特別耿直，而對待朋友更是如此。如果申顏要是有了過錯，侯無可就會當他的面

直接地指出來，毫不避諱。申顏也為有這樣的朋友而感到非常的自豪。他曾經感嘆的對別人說：「我一天也不能沒有侯無可。」當別人不解地問他：「為什麼要這樣說呢？」他回答說：「侯無可能指出我的過失，要是一天沒有見到他，我就不知道自己的過失在什麼地方。」

俗話說：「人非聖賢，孰能無過？」只有知道了自己的過錯，才能夠更好的去改正。申顏聞過則喜和孟子所讚揚的子路的聞過則喜、大禹的善於接受別人的正確意見，這是一脈相承的。

第二十五篇　天時、地利、人和

【原文】

孟子曰：「天時不如地利，地利不如人和①。三里之城，七里之郭②，環③而攻之而不勝。夫環而攻之，必有得天時者矣，然而不勝者，是天時不如地利也。城非不高也，池④非不深也，兵革⑤非不堅利也，米粟非不多也，委⑥而去之，是地利不如人和也。故曰：域⑦民不以封疆之界，固國不以山溪之險，威天下不以兵革之利。得道者多助，失道者寡助。寡助之至，親戚畔⑧之；多助之至，天下順之。以天下之所順，攻親戚之所畔，故君子有⑨不戰，戰必勝矣。」

——選自《公孫丑章句下》

【注釋】

①天時、地利、人和：趙歧注：「天時，謂時日、支幹、五行、王相、孤虛之屬地也。地利，險阻、城池之固也。人和，得民心之所和樂也。」

②郭，外城。古時，外城言郭，內城言城。

③環：圍。

④池：護城河。

⑤兵革：兵，兵器；革，盔甲。

⑥委：捨棄。

147

⑦域：界限。此處指限制。

⑧畔：同「叛」。

⑨有：同「或」。

【譯文】

孟子說：「得天時不如得地利，得地利不如得人和。比如一座小城有三里的內城，七里的外城，可是包圍起來攻打它，卻不能取勝。包圍起來攻打它，必定有得天時的戰機，然而卻不能取勝，這是得天時的不如佔地利的。（假如，另一守城者）城牆不是不高，護城河不是不深，兵器鎧甲不是不堅利，糧食也不是不多，（可是敵人一來，）就棄城逃離，這便是佔地利的不如得人和的。所以說，治理百姓的，不能只靠國家的疆界，鞏固國防不能只靠山川的險阻，威服天下不能只靠兵器鎧甲的堅利。施行仁義的人，幫助他的人就多；不施行仁義的人，幫助他的人就少。如果幫助他的人少到極點時，連他家裡的人也都會背叛他；如果幫助他的人多到了極點，那麼天下的人都會歸順他。讓天下人都歸順他的人去攻打連家裡的人都背叛他的人，（結果是一目了然的；）所以君子不主張打仗，但是一旦打仗，則會攻無不克，戰無不勝。」

【點評】

天時、地利、人和，這三者不管是對戰爭、從政、商業上來說都是非常重要的。

天時、地利都是客觀因素，而「人和」則是主觀因素，也是這三者之中的核心。人和就是團結，這種團結所爆發出來的能量，可以以一當十，以一當百。正

是這種能量最後決定了成敗。

人和又從中引出了「得道者多助，失道者寡助」，這也可以說是「人和」的核心了。

【案例】

朱元璋與陳友諒的鄱陽湖之戰

在中國，幾乎所有的開國皇帝都是從馬上奪得天下。他們要嘛有良相賢臣輔助，要嘛自己本身就是有勇有謀。明朝的開國皇帝朱元璋，就是其中的一個。

元朝末期，各地都有人領兵起義，而朱元璋就是其中的一個。後來，朱元璋經過無數次的廝殺，終於佔據了江蘇、安徽、浙江三省的部分地區，做為根據地，進行著反元的大計。此時，在江南還有一支強大的起義軍，這支軍隊的領導人就是陳友諒。陳友諒本來是農民起義領袖徐壽輝的部下，後來他謀劃殺害了徐壽輝，自己篡奪了這支農民隊伍的領導權，自立為王，國號大漢。為了能獨霸江南，他一心想消滅朱元璋。於是，朱元璋和陳友諒之間，一方面各自進行反元戰爭，而另一方面他們相互之間也有衝突。

　　當時陳友諒，佔據著江西、湖南、湖北三省的全部地區，他仗著兵多將廣，實力雄厚，並且聯合佔據著江蘇東南面的張士誠合攻應天（今南京市），企圖一舉消滅朱元璋。

　　而這時候的朱元璋以應天為根據地，佔據著現在的江蘇、安徽、浙江三省的部分地區，力量也是一天天發展壯大。經過幾場戰鬥，朱元璋的地盤一天天擴大，陳友諒的地盤一天天縮小，形勢的發展越來越有利於朱元璋而不利於陳友諒。

　　朱元璋認為：不消滅陳友諒等與他為敵的南方割據勢力，就不能鞏固他的根據地，不能集中力量出兵北伐，把反元抗爭進行到底，進而建立起統治全國的政權。陳友諒認為：要是不消滅朱元璋，他就不能獨霸江南，而且朱元璋的地盤正在慢慢的擴大，而他的地盤正在慢慢的縮小。這就更促使陳友諒要消滅朱元璋的決心。因此，這兩支軍隊不斷地互相攻打。最後朱元璋和陳友諒之間終於進行了一場生死大戰──鄱陽湖之戰。

　　西元1363年，陳友諒出動全部軍隊，號稱六十萬，浩浩蕩蕩向洪都（今江西南昌）進發。

　　陳友諒軍隊到達洪都後，就下令攻城。攻守雙方的戰鬥進行得十分激烈，一直打了八十五天，雙方傷亡都很慘重。隨後，朱元璋親自率領二十萬大軍援救，陳友諒才不得已把部隊從洪都撤離，並把大軍開到鄱陽湖去迎戰朱元璋。

　　面對陳友諒強大的軍隊和高大的戰艦，朱元璋把水軍分為十一隊，每隊都配備火銃、長弓、大弩等遠距離的武器。以先發火銃，再射箭，最後才白刃廝殺的方式進行作戰。朱元璋的大將徐達首先進攻，殺死陳友諒的先鋒部隊一千五百

人，繳獲一艘大型戰艦，勝利回營。

在這次的戰鬥中，朱元璋看出陳友諒軍的聯舟佈陣、動作不靈的缺點，決定採納部將郭興的建議，用火攻來攻擊敵人。朱元璋命令水軍準備火炮、火銃、火箭、火蒺藜等各式各樣的火器，只等發動進攻的時候，先將這些火器同時發射，焚燒敵軍的戰艦。同時又準備了一批火攻用的小船，載上蘆葦，中間裝有火藥，周圍排列身披甲冑、手拿武器的草人，加以偽裝。每條船後面又拖著一條輕快的小船，準備點火之後乘小船撤走。

當這一切都準備好了後，黃昏的時候，湖面上又正好颳起了東北風。這簡直就如是諸葛亮借來的東風，是個難得的機會，朱元璋命令敢死士兵駕上七條火攻小船，衝向陳友諒的船隊，趁風點火，發起火攻。七條小船像七條火龍，竄進敵軍船隊；同時，朱元璋的水軍也一齊發射各種火器，把敵軍的大小戰船都燃燒了。火藉風威，風助火勢，濃煙瀰漫，烈焰騰空，把鄱陽湖湖水都照得通紅。

陳友諒的部隊，有無數的士兵被燒死、淹死。而被俘的、投降的人數也很多。朱元璋命令不許殺害、虐待俘虜，對受傷的要給予治療，然後又把他們全部放回去。後來，有很多陳友諒軍隊裡的將領和士卒，包括陳友諒的侍衛長，左、右金吾將軍，都前來投降了。

朱元璋在這場戰役中，一直都是親自指揮戰鬥，即使身邊的衛士都戰死了，他也仍然不肯後退一步。後來，又經過了幾次激烈的戰鬥，陳友諒的軍隊一敗再敗，並且糧食也已經吃光，實在堅持不下去了。陳友諒就帶著殘兵敗將開始突圍，不料在突圍的時候被飛箭射死。他的部將張定邊用船裝載陳友諒的屍首，和太子陳理一起，連夜逃回武昌。第二天，陳友諒的副丞相陳榮等收集全部殘餘水

軍五萬多人，向朱元璋投降。

鄱陽湖戰役，最終以朱元璋勝、陳友諒敗而結束了。這場戰役的勝利也為朱元璋平定江南奠定了基礎，同時也為他進一步北上滅元和最終統一中國做了必要的準備。

戰後，朱元璋分析了雙方勝敗的原因，他說：「天時不如地利，地利不如人和，追根究底，打仗要靠人。陳友諒雖然兵多將廣，但是內部不團結，人各一心，上下猜疑，而且連年用兵，老是打敗仗，不會蓄積力量，不善於捕捉有利戰機，所以最後失敗了。我軍所以能夠取得勝利，是因為既掌握了時機，又能將士一心，得了人和。」

孟子的「天時不如地利，地利不如人和」在這裡被朱元璋說出來，說明了朱元璋是具有一定的智謀的。這也為他創建明朝做好了準備。

第二十六篇　治國靠賢士

【原文】

孟子將朝王，王使人來曰：「寡人如就見者①也，有寒疾，不可以風。朝，將視朝，不識可使寡人得見乎？」

對曰：「不幸而有疾，不能造朝。」

明日，出弔於東郭氏②。公孫丑曰：「昔者③辭以病，今日弔，或者不可乎？」

曰：「昔者疾，今日癒，如之何不弔？」

王使人問疾，醫來。

孟仲子④對曰：「昔者有王命，有采薪之憂⑤，不能造朝。今病小癒，趨造於朝，我不識能至否乎？」

使數人要⑥於路，曰：「請必無歸，而造於朝！」

不得已而之景丑氏⑦宿焉。

景子曰：「內則父子，外則君臣，人之大倫也。父子主恩，君臣主敬。丑見王之敬子也，未見所以敬王也。」

曰：「惡！是何言也！齊人無以仁義與王言者，豈以仁義為

不美也？其心曰，『是何足與言仁義也』云爾，則不敬莫大乎是。我非堯舜之道，不敢以陳於王前，故齊人莫如我敬王也。」

景子曰：「否，非此之謂也。《禮》曰：父召，無諾⑧；君命召，不俟駕⑨。固將朝也，聞王命而遂不果⑩，宜⑪與夫禮若不相似然。」

曰：「豈謂是與？曾子曰：『晉楚之富，不可及也。彼以其富，我以吾仁；彼以其爵，我以吾義，吾何慊⑫乎哉？』夫豈不義而曾子言之？是或一道也。天下有達尊三：爵一，齒一，德一⑬。朝廷莫如爵，鄉黨莫如齒，輔世長民莫如德。惡得有其一以慢其二哉？故將大有為之君，必有所不召之臣，欲有謀焉，則就之。其尊德樂道，不如是，不足與有為也。故湯之於伊尹，學焉而後臣之，故不勞而王；桓公之於管仲，學焉而後臣之，故不勞而霸。今天下地醜德齊，莫能相尚，無他，好臣其所教，而不好臣其所受教。湯之於伊尹，桓公之於管仲，則不敢召。管仲且猶不可召，而況不為管仲者乎？」

——選自《公孫丑章句下》

【注釋】

①如就見者：如，助動詞，應當；如就見者，應當來看你。
②東郭氏：齊國的一個姓東郭的大夫。

③昔者：以前，從前。

④孟仲子：孟子的堂弟，又是他的學生。

⑤采薪之憂：古時「疾病」的代名詞。

⑥要（一ㄠ）：遮攔。

⑦景丑氏：齊國大夫景丑，生平不詳。

⑧父召，無諾：《禮記·曲禮》：「父召無諾，先生召無諾，唯而起。」「唯」比
　「諾」更恭敬。

⑨君命召，不俟駕：《論語·鄉黨》：「君命召，不俟駕行矣。」

⑩不果：事情達到預期的效果的叫果，沒有達到的叫不果。

⑪宜：副詞，大概。

⑫悁（ㄑㄧㄢˋ）：少的意思。

⑬爵，齒，德：爵，職位；齒，年紀；德，聲望。

【譯文】

　　孟子將要去朝見齊宣王，齊宣王派來使者對孟子說：「本該是我來看望您的，但是得了風寒之病，不能吹風。明天早晨，我將臨朝聽政，不知是否能讓我見見您？」

　　孟子回話道：「我不幸也生病了，所以不能上朝去拜見您了。」

　　第二天，孟子要到東郭大夫家去弔喪。公孫丑說：「昨天您剛推說有病拒絕了齊宣王，今日卻去弔喪，這也許不合適吧？」

　　孟子說：「昨天有病，今天好了，怎麼能不去弔喪？」

齊宣王派人來詢問病情，醫生也一起來了。

孟仲子只好應付來人說：「昨天大王召見，他不巧生病了，不能上朝。今天病好了點，就急忙上朝去了，不知道現在到了沒？」

孟仲子隨即派了幾個人到路上去攔截孟子，告訴他：「請您先不要回家，趕快去朝廷一趟！」

孟子沒有辦法，只好去景丑氏家去借宿。

景子說：「在家有父子，在外有君臣，這是人間最大的倫理關係。父子間以慈愛為主，君臣間以恭敬為主。我看到了齊王對您的尊敬，卻沒看到您對齊王的尊敬。」

孟子說：「哎呀！這是什麼話！齊國人沒有一個人拿仁義的道理去和齊王討論，難道是認為仁義不好嗎？他們的心裡是這樣認為的：『這樣的君王哪能配得上和他去談仁義呢！』這才是對齊王的不恭敬，沒有比這更大的了。（我是，）不是堯、舜之道就不敢拿來在齊王面前陳述，所以齊國人還沒有哪個人像我這樣尊敬齊王的。」

景子說：「不，我說的不是這個。《禮記》上說：父親召喚，兒子連一聲諾都來不及回答就得起身前去；君王召喚，臣子不等車子駕好就動身。您本來準備去朝見齊王，但是聽了君王的召令卻不去了，這恐怕與《禮記》上說的不大符合吧！」

孟子說：「你原來說的是這個啊？曾子說過：『晉國和楚國的財富，是我沒法比得上。不過，他憑藉他的財富，我憑藉我的仁愛；他憑藉他的爵位，我憑藉

我的道義，我又有什麼欠缺的呢？」難道這話是曾子隨便說說的嗎？這些話還是有一定的道理的。天下公認為尊貴的東西有三樣：一個是爵位、一個是年齡，還有一個是道德。在朝廷裡，爵位就尊貴了，在鄉里，年齡就尊貴了，輔助君主、管理百姓，道德就尊貴了。哪能有了其中的一種（爵位）而輕視另外兩種（年齡、道德）呢？所以想要有大作為的君主，必定有他不能召見的臣子，要是有事情要商議，那就只好親自前去請教。如果他不這樣，那就不值得和他一起做事情了。所以，湯王對於伊尹，先是向他學習，然後才把他當作臣子，所以不費力氣就統一了天下；齊桓公對於管仲，也是先向他學習；然後才把他當作臣子，所以不費力氣就稱霸於諸侯。現在，天下（大的諸侯國）土地相等，德行也差不多，誰也超不過誰，（之所以如此）沒有別的原因，是因為各國的君主喜歡任用聽從他們使喚的人做臣，而不喜歡任用教導他們的人做臣。湯王對於伊尹，齊桓公對於管仲，就不敢隨意召見。管仲尚且都不能隨意召見，何況連管仲都不願做的人呢？」

【點評】

這章主要講的是孟子因齊宣王對有德之人不夠禮貌，所以故意不赴召見。孟子認為，賢能之士應該有賢能之士的自尊，他對君王的尊重，不是表現在趨奉應命這一點上，而是主要表現在勇於批評時政和陳說大道之上。

治國靠賢士，創業靠人才，這點在現在也同樣是很重要的。在《三國誌》中：諸葛亮隱居隆中時，劉備屈尊紆貴，三顧茅廬，用真誠去打動諸葛亮，最後終於使諸葛亮為己所用，成就一番帝業。如果劉備要是像張飛一樣，去放把火把諸葛亮燒出來的話，《三國誌》就要改寫了。

【案例】

鮑叔牙薦管仲

治理好一個國家不是一個人能力所及的，這需要有個仁德的國君，還要有賢能的大臣，同時還需要有廉政的官吏，只有當這些人各就各位時，才能把國家治理好。才能夠稱霸於天下，春秋時期的齊桓公就是這樣做的。

春秋時期，齊國齊襄公即位。齊襄公昏庸無能，而且又喜怒無常。由於他的殘暴，齊國的公子糾和小白遭到陷害後，相繼逃到別的諸侯國去避難。公子糾的母親是魯國人，大臣管仲和召忽就跟隨他逃到魯國；公子小白則在大臣鮑叔牙的輔佐下逃到莒國。

周莊王十一年（西元前686年），齊國接連發生了兩次內亂，齊襄公死。齊國大夫高鎮與公子小白關係比較密切，就派人去莒國接他回國做國君。魯國這時也得到了消息，於是派出軍隊護送公子糾回國搶奪國君位置，並派管仲率軍攔截從莒國來的公子小白。

管仲剛趕到莒國的邊境，就遇見了鮑叔牙和公子小白，管仲暗中拿出弓箭，對準公子小白一箭射去。只聽見小白慘叫一聲，倒在車子裡。管仲以為射中了小白，便派人向公子糾通報說小白已死。公子糾一行人聽說後，於是就放慢行進速度，六天之後才趕到齊國首都臨淄。當他們來到臨淄城下，才知道小白不但沒死，而且已經當上了齊國國君。

原來，管仲那一箭只射中了小白衣服的帶鉤，小白急中生智，大叫一聲，來矇騙管仲的。公子糾只好仰天長嘆，決定返回魯國。

公子小白即位後，號齊桓公。他迅速派兵去攻打護送公子糾回國的魯國軍隊，結果魯國軍隊大敗，公子糾和管仲跑回了魯國。其實，鮑叔牙是管仲的摯友，鮑叔牙非常瞭解管仲，知道他是宰相之才。當他聽說齊桓公準備殺管仲的時候，就勸說齊桓公道：「大王應當把目光放遠大一些。如果您只想治理好一個齊國，那麼有我和高鎮協助您就夠了；如果您想稱霸於天下，就非得有管仲不可。我聽說有魄力的君王都是豁達的，希望大王做到這一點。」齊桓公接受了鮑叔牙的意見。於是鮑叔牙給魯莊公寫信說道：「公子糾是我們國君的兄弟，我們國君不忍殺他，就請魯國殺了他吧！管仲是我們國君的仇人，齊桓公一定要親自殺死他才解恨。你若是不答應，我們軍隊將要攻打魯國。」魯莊公見狀，不願為公子糾而得罪齊國，只得殺掉公子糾，把管仲裝進囚車，押送到齊國。

管仲相齊後，協助齊桓公在經濟、內政和軍事三方面進行改革，大大提高了齊國的綜合國力。在對人才的選拔上，管仲創造了「三選」制。規定各鄉中要把德才兼備的人推選到國家中去，此為一選。這些人經有關部門一段時間的試用考核，優存劣汰，此為二選。國君再親自對他們進行考問審核，並交辦一些實際事務，合格者由國王任命為上卿的助手，此為三選。這樣做，上下心服口服，杜絕了走後門的不正之風，進而擴大了齊國統治的基礎，也使吏治健康，民風淳樸。

齊桓公透過不懈的努力，依靠管仲、鮑叔牙等賢臣的輔佑，逐漸把黃河中游的諸侯國聯合起來。孔子就極力稱讚管仲在輔佐齊桓公實現霸業的過程中起到的作用。齊桓公稱霸中原，對保護中原文化不受破壞起了重大作用，同時又使各個諸侯國結盟修好，使得戰爭減少，這對社會生產力的發展起到了積極的推動作用。

鮑叔牙能夠不計較地位的高下，把有才幹的管仲推薦給齊桓公，自己卻甘居

其下；而齊桓公則從諫如流，大度開明，任用賢才。這些事歷史上一再為人稱道，並為仁君賢士所仿效。而這也證明了，只有尊重賢能，任用賢才，才能讓賢才越來越多，這樣國家才能有所作為。

第二十七篇　王饋兼金一百而不受

【原文】

陳臻①問曰：「前日於齊，王饋兼金一百②而不受；於宋，饋七十鎰③而受；於薛④，饋五十鎰而受。前日之不受是，則今日之受非也；今日之受是，則前日之不受非也。夫子必居一於此矣。」

孟子曰：「皆是也。當在宋也，予將有遠行，行者必以贐⑤，辭曰：『饋贐。』予何為不受？當在薛也，予有戒心，辭曰：『聞戒，故為兵饋之。』予何為不受？若於齊，則未有處⑥也。無處而饋之，是貨⑦之也。焉有君子而可以貨取乎？」

——選自《公孫丑章句下》

【注釋】

①陳臻：孟子弟子。

②王饋兼金一百金：饋，贈送；兼金，好金，古代所說的金，多是指黃銅。一百，一百鎰，一鎰為一金。

③鎰（一ˋ）：古代的重量單位之一，二十四兩為一鎰。

④薛：此處指齊國靖郭君田嬰（孟嘗君）的封邑。

⑤贐（ㄐㄧㄣˋ）：分別時所贈送的財物。

⑥處：理由。

⑦貨：動詞，賄賂。

【譯文】

陳臻向孟子問道：「老師以前在齊國，齊王送您一百鎰好金您都不接受；而在宋國，宋王送您七十鎰，您接受了；到了薛，薛君只送您五十鎰，您也接受了。如果以前的不接受是對的，那麼後來接受就是錯的；如果後來的接受是對的，那麼以前的不接受就是錯的。是對是錯，老師您只能處於其中的一種了。」

孟子說：「這些都是對的。當在宋國的時候，我將要遠行，遠行的人就需要用些路費，宋君說：『送上一點路費（給你）。』那我為什麼不接受呢？當在薛地的時候，我聽說路上有危險，需要戒備，主人說：『聽說你需要防備，所以送點錢給你買兵器。』這樣，我為什麼不接受呢？而至於在齊國，就沒有（送錢的）理由了。沒有理由而贈送，這就是收買我啊！哪有君子可以用金錢收買的呢？」

【點評】

這章所說的道理非常的樸實，對於別人贈送的禮物要有個合理的說法，合乎道理的，即使再少也應該接受；不合乎道理的，即使再多也不能接受。不然就成了賄賂，這不應該是君子的所作所為。

有時看事物不能只看表面，有許多事，表面相同，但是實質卻是不同的；這就要看其變通的能力了。

【案例】

子罕拒玉

在現實生活中，我們想得到的更多，生活的更好，所以有些人就會喪失了理智，或用手中的權力為自己謀求利益；或者為非作歹，觸犯法律，傷害他人，來牟取利益，這些都是慾望在作怪。我們不能完全抹煞「利」在生活中的必要性，但是至少對「利」的要求應該置於「義」的約束之下。

春秋時期，有一宋國人獲得一塊美玉，他把美玉拿去獻給大夫子罕。子罕不接受。獻玉的人就說：「這是一塊寶玉，所以才拿來獻給您。」子罕卻說：「你把玉視為寶貝，我把不貪視為寶貝，如果你把玉給了我，而我又接受了玉，那麼我們兩人就各自失去了自己的寶貝。所以，不如自己都保有自己的寶貝吧！」這裡子罕的自律就是君子的道德格守。一個人應該守護自己最寶貴的品格和道德操守，不能讓物慾迷惑了自己的眼睛。

釋加牟尼佛就曾經說：「若是名利的慾望太強就等於使自己跳進了火坑，若是貪婪之心太強就等於使自己沉入了苦海。只要有一絲純潔觀念就能使火海變成水池，只要有一點警覺精神就能使火海變成樂園。」世間萬物都由於心的反映而表現善惡，人生境遇的幸福與否都在於心的一念之間。佛家所說的「相由心生，相隨心滅」就是這個道理。

第二十八篇　寡人之罪

【原文】

　　孟子之平陸①，謂其大夫②曰：「子之持戟之士③，一日而三失伍④，則去之⑤否乎？」

　　曰：「不待三。」

　　「然則子之失伍也亦多矣。凶年飢歲，子之民，老羸轉於溝壑，壯者散而之四方者，幾千人矣。」

　　曰：「此非距心之所得為也。」

　　曰：「今有受人之牛羊而為之牧之者，則必為之求牧與芻⑥矣。求牧與芻而不得，則反諸其人乎？抑亦立而視其死與？」

　　曰：「此則距心之罪也。」

　　他日，見於王曰：「王之為都者⑦，臣知五人焉。知其罪者，惟孔距心。」為王誦⑧之。

　　王曰：「此則寡人之罪也。」

——選自《公孫丑章句下》

【注釋】

①平陸：齊國邊境的邑名，在今山東汶上縣北。

②大夫：戰國時的邑宰也稱大夫，這裡指地方上的行政長官。

③持戟（ㄐㄧˇ）之士：戰士。戟，古時的一種兵器。

④失伍：失其行伍；伍，班次。

⑤去之：開除。

⑥牧與芻：牧，牧地；芻，牧草。

⑦為都者：地方的行政長官。「邑」和「都」古時多通用。

⑧誦：復述。

【譯文】

　　孟子到了平陸，對那裡的長官孔距心說：「如果你的士兵，一天三次失職，你會開除他嗎？」

　　孔距心說：「不用等三次，我就開除他了。」

　　孟子說：「可是你失職的地方也夠多的了。災荒的年份，您的百姓，年老體弱的拋屍露骨在山溝裡，年輕力壯的都逃荒到四方去了，人數都將近一千人了。」

　　孔距心說：「這個問題不是我能夠解決的。」

　　孟子說：「假如現在有個人，接受了別人的牛羊而替他放牧，那麼就必定要為牛羊尋找牧場和草料了。如果找不到牧場和草料，那麼是把牛羊還給主人呢？

還是就站在那兒眼看著牛羊餓死呢？」

孔距心說：「明白了，這是我的罪過了。」

後來，孟子朝見齊王時說：「大王您的地方長官我認識了五位，能瞭解自己罪過的，只有孔距心一人。」於是孟子又給齊王復述了一遍他與孔距心的談話。

齊王聽後說：「這也是我的罪過啊！」

【點評】

這章主要是孟子和孔距心的對話。在孟子的舉例說明和引導下，孔距心慢慢的瞭解到了自己的過錯。直到後來，孟子把這次和孔距心的對話告訴了齊王，齊王也瞭解到了錯誤。但是認識錯誤是一回事，是否能改正其錯誤又是另一回事了。後者應該比前者更為重要。

【案例】

勸諫技巧

在儒家的主張當中，衡量一個國家君王是不是賢明的標準，是看他能不能施行「仁政」，能不能聽從臣子們的諫言，能不能改過自新。

戰國時魏文侯有一次和大臣們閒談，問道：「你們覺得我是一個怎樣的君主呢？」大臣們先後都說：「君主是個仁君。」輪到翟黃發言時，他卻說：「君主不是仁君。」「你這樣說，有什麼根據嗎？」魏文侯有點生氣的問。翟黃回答說：「君主攻打中山國的時候，不把佔領的土地封給你弟弟，卻封給了你的大兒

子，這說明君主不是仁君。」魏文侯大怒，當即把翟黃驅逐出去。輪到任座發言，任座說：「君主是個仁君。」「你又是根據什麼說的呢？」文侯問。任座回答：「我聽說，君主仁慈，他的臣子就勇於直言，剛才翟黃的話就是直言，所以我認為君主是個仁君。」魏文侯說：「很好！」於是又隨即下令將翟黃召回來，並封為上卿。

知錯能改，善莫大焉。所謂的「忠言逆耳利於行」也正是這個道理。當然，勸諫人的方法是比較多種的，應該謹慎使用，如果不分場合、不看對象、不分輕重，一味犯顏直諫，不僅收不到應有的效果，而且會適得其反，甚至會威脅自己的生命。

第二十九篇　以暴伐暴

【原文】

沈同①以其私問曰：「燕可伐與？」

孟子曰：「可。子噲不得與人燕，子之不得受燕於子噲。有仕於此②，而子悦之，不告於王而私與之吾子之祿爵，夫士也，亦無王命而私受之於子，則可乎？何以異於是？」

齊人伐燕。

或問曰：「勸齊伐燕，有諸？」

曰：「未也。沈同問『燕可伐與』，吾應之曰『可』，彼然而伐之也。彼如曰：『孰可以伐之？』則將應之曰：『為天吏，則可以伐之。』今有殺人者，或問之曰：『人可殺與？』則將應之曰：『可。』彼如曰：『孰可以殺之？』則將應之曰：『為士師，則可以殺之。』今以燕伐燕，何為勸之哉？」

——選自《公孫丑章句下》

【注釋】

①沈同：齊國大臣，生平不詳。

②仕：同「士」。

【譯文】

沈同以個人名義問道：「燕國可以討伐嗎？」

孟子說：「可以。燕王子噲不能把燕國讓給別人，他的相國子之也不能從子噲那裡接受燕國。比如說，有個士人，你很喜歡他，你也不稟告君王就私自把自己的俸祿、爵位讓給他，而那個士人也不經君王同意，就私自從你那裡接受俸祿和爵位，這樣行嗎？（子噲）讓君位的事，與此又有什麼不同呢？」

齊國出兵去攻打燕國。

有人問孟子道：「您曾勸說齊國去攻打燕國，有這麼回事嗎？」

孟子說：「沒有。沈同曾經用個人身分問我：『燕國可以征伐嗎？』我回答他說『可以』，他們就這樣，真的去征伐燕國了。他如果再問：『誰能去征伐燕國？』那我將回答他說：『是奉了上天使命的人才可以去征伐它。』就好比這裡有個殺人犯，有人問我：『這個人該殺嗎？』那我就會回答說：『該殺。』他如果再問：『誰可以去殺這個殺人犯？』那我會回答他：『只有治獄官才可以殺他。』現在，讓一個和燕國一樣無道的國家去征伐燕國，那我為什麼要去勸說它呢？」

【點評】

以暴伐暴就像是以毒攻毒一樣，以亂治亂反而使天下陷於暴亂。治亂當以用天吏，治刑當以用士師。

齊國攻打燕國，是戰國中期的重大事件之一，同時引起了當時各諸侯國的強

烈反應，《孟子》一書中也多處談到此事。

【案例】

陳勝、吳廣起義

在中國的歷史上，有很多朝代的國君都是很殘暴的，弄得民不聊生，而最終也是被人民所消滅。

秦朝的徭役是非常繁重的。按照秦朝的法律規定，男子17歲就要到官府登記戶籍，從此開始服徭役，一直要到60歲才能夠免除（有爵位的人可提前到56歲止役）。秦朝刑法也是非常的殘酷，刑罰的種類繁多。僅僅死刑有戮、棄市、磔、定殺等。

秦始皇的少子胡亥即位後，成了秦朝第二代皇帝，但是他更加殘暴，他統治時期的政治十分黑暗，百姓們苦不堪言、民不聊生。

西元前209年，九百多個窮苦百姓，被徵發到漁陽戍守長城。他們走到大澤鄉的時候，遇上了大雨，不能如期到達，按照秦朝法律誤期者是要被處斬的，在這九百名百姓當中有兩個人，一個叫陳勝，另一個叫吳廣，他們站起來號召起義，建立了政權。隨後，秦朝很多的地方都有農民起義，農民戰爭全面爆發。

陳勝建立張楚政權後，率軍繞過榮陽，突入關中，直逼咸陽。沿途貧苦農民紛紛加入，隊伍迅速壯大，起義至此達到高潮。秦朝調重兵前來鎮壓，最後，由於各種原因，起義失敗。

陳勝，吳廣起義失敗以後，項羽和劉邦所領導的農民起義軍繼續戰鬥。

西元前207年，項羽率兵救援被秦軍圍困在巨鹿的起義軍。秦軍有30萬人，項羽的楚軍只有數萬人，楚軍過了漳河，背河紮營。項羽令將士帶三天的乾糧，然後砸破鍋，鑿沉船，燒掉軍營。全軍上下士氣高昂，一舉戰勝了秦軍主力。

「伐無道，誅暴秦」，推翻了秦朝的殘暴統治，這是當時各路起義軍的目的。與此同時，劉邦率軍直逼咸陽，秦朝滅亡。

綜觀歷史長河，凡以暴治理天下的，最終都逃脫不了農民起義後將其滅亡的結局。秦朝如此、隋朝亦然。

第三十篇　人性善

【原文】

滕文公為世子①，將之楚，過宋而見孟子。孟子道性善，言必稱堯舜。

世子自楚反，復見孟子。孟子曰：「世子疑吾言乎？夫道一而已矣。成覵②謂齊景公曰：『彼丈夫也；我丈夫也，吾何畏彼哉？』顏淵曰：『舜何人也？予，何人也？有為者亦若是。』公明儀③曰：『文王我師也；周公豈欺我哉？』今滕，絕長補短，將五十里也，猶可以為善國。《書》曰：『若藥不瞑眩④，厥疾不瘳⑤。』」

——選自《滕文公章句上》

【注釋】

①滕文公為世子：滕文公，滕國的國君。世子，太子，一般指諸侯王的繼承人。

②成覵（ㄐㄧㄢˋ）：齊國勇士。

③公明儀：曾參弟子。

④瞑（ㄇㄧㄢˋ）眩（ㄒㄩㄢˋ）：頭暈目眩。

⑤瘳（ㄔㄡ）：病癒。

【譯文】

　　滕文公還是太子時，有一次要到楚國去，路過宋國時去拜見了孟子。孟子給他講人性善的道理，句句都提到堯、舜。

　　太子從楚國返回，又來拜見孟子。孟子說：「太子懷疑我說的話嗎？道理就這麼一個。春秋時的成覸對齊景公說：『他，是個男子漢；我也是個男子漢，我為什麼要怕他什麼呢？』顏淵說：『舜是什麼樣的人，我也是什麼樣的人？只要是有作為的人也會像他這樣。』公明儀說：『周文王是我的老師；周公難道就會欺騙我嗎？』現在滕國的土地，要是全湊在一起，也將近有五十里見方，還是可以治理成一個好國家。《尚書》上說：『如果藥物不能使病人頭暈目眩，那病是不能治好的。』」

【點評】

　　滕文公還在做太子時，去拜見了孟子，孟子和他說了很多人性善的道理，太子聽了後很受啟發，但是又有點不相信。於是又去拜見了孟子。孟子告訴他，天下的真理只有一個，那就是人性善。他還舉出了成覸、顏淵和公明儀三個人的話，來說明要有做聖賢的勇氣。就是希望他將來繼承王位以後，能下定決心，施行仁政。

【案例】

屍毗王割肉取義

　　天下的真理只有一個，那就是人性善，正如《三字經》裡說的「人之初，性

本善」，那些暴君、奸臣、壞人並不是一生下來就那麼壞的，而是在以後的環境裡，每個人的性情才會發生變化的。

在古印度有一個國王名叫屍毗王，他是一個愛民如子的好國王。他心好佛法，立誓普救眾生。一天，有隻老鷹獵殺一隻鴿子，老鷹緊追鴿子不捨，鴿子飛來飛去無處躲藏，最後飛到了屍毗王的腋下，請求國王保護。老鷹看到後，就對屍毗王說：「這隻鴿子是我的食物，我現在飢餓難忍，請國王把鴿子交給我吧！」屍毗王說：「我曾許願要拯救一切生靈，現在鴿子來求我保護，我又怎麼可以見死不救，把牠給你，讓牠去送死呢？」老鷹冷笑說：「大王愛惜一切生靈，但是如果我吃不到東西，也就會餓死，難道我就不是生靈嗎？我就不該得救嗎？」屍毗王對老鷹說：「我可以拿其他食物給你吃。」老鷹回答道：「我只吃新鮮的血肉，別的一概不吃。」屍毗王暗想，我可不能救一命，又去害一命，只有用我的肉來換取鴿子，才能同時救下兩條生命。於是，他下令手下取來利刀，

割下了自己腿上的肉來餵老鷹，這時老鷹又說道：「國王要以自身的肉來代替鴿子，這很讓我感動，大王的肉我也不敢多要，只要和鴿子一樣重量就可以。」屍毗王又傳令取來一桿秤，一頭放上鴿子，一頭放上自己割下的肉。但是奇怪的是，國王全身的肉都已經割完了，還是不夠鴿子的重量，國王十分納悶，於是他就忍著劇痛，坐到秤盤上。這時，天搖地動，眾天神都被屍毗王普救眾生的善行所感動，齊聲稱讚，並撒下無數天花。忽然，老鷹和鴿子也全都不見了，原來是帝釋天和一個大臣幻化成老鷹和鴿子來試屍毗王的誠意和信心，最後帝釋天以神力使屍毗王的身體恢復了原狀。

只要一心向善，必定會得到大家的愛戴和擁護。

第三十一篇　民事不可緩也

滕文公問為國。

孟子曰：「民事不可緩也。《詩》①云：『晝爾於茅②，宵爾索綯③；亟其乘屋④，其始播百穀。』民之為道也，有恆產者有恆心，無恆產者無恆心。苟無恆心，放辟邪侈⑤，無不為已。及陷於罪，然後進而刑之，是罔民也。焉有仁人在位罔民而可為也？是故賢君必恭儉禮下，取於民有制。陽虎⑥曰：『為富不仁矣，為仁不富矣。』

夏後氏五十而貢，殷人七十而助，周人百畝⑦而徹，其實皆什一也。徹者，徹也；助者，藉也。龍子⑧曰：『治地莫善於助，莫不善於貢。』貢者，校⑨數歲之中以為常。樂歲，粒米狼戾⑩，多取之而不為虐，則寡取之；凶年，糞其田而不足，則必取盈焉。為民父母，使民盼盼然⑪，將終歲勤動，不得以養其父母，又稱⑫貸而益之，使老稚轉乎溝壑，惡在其為民父母也？夫世祿，滕固行之矣。《詩》⑬云：『雨⑭我公田，遂及我私。』惟助為有公田。由此觀之，雖周亦助也。

設為庠、序、學、校以教之。庠者，養也；校者，教也；序者，射也。夏曰校，殷曰序，周曰庠，學則三代共之，皆所以

明人倫也。人倫明於上，小民親於下。有王者起，必來取法，是為王者師也。《詩》⑮云：『周雖舊邦，其命惟新。』文王之謂也。子力行之，亦以新子之國。」

使畢戰問井地⑯。

孟子曰：「子之君將行仁政，選擇而使子，子必勉之！夫仁政，必自經界⑰始。經界不正，井地不鈞⑱，穀祿⑲不平，是故暴君汙吏必慢其經界。經界既正，分田制祿可坐而定也。

夫滕，壤地褊小，將為⑳君子焉，將為野人焉。無君子，莫治野人；無野人，莫養君子。請野九一而助，國中什一使自賦。卿以下必有圭田㉑，圭田五十畝，餘夫二十五畝。死徙無出鄉，鄉田同井，出入相友，守望相助，疾病相扶持，則百姓親睦。方里而井，井九百畝，其中為公田。八家皆私百畝，同養公田；公事畢，然後敢治私事，所以別野人也。此其大略也；若夫潤澤之，則在君與子矣。」

——選自《滕文公章句上》

【注釋】

①《詩》：出自《詩經・豳風・七月》。

②於茅：於，往、去。茅，茅草。這裡用做動詞，取茅草。

③索綯：索，用做動詞，搓的意思。綯，繩子。

④亟（ㄐㄧˊ）其乘屋：亟，急；乘，修理。

⑤放辟邪侈（ㄔˇ）：為非作歹，違法亂紀。

⑥陽虎：字貨，春秋末魯國大夫季氏的家臣。

⑦五十、七十、百畝：焦循《疏》注：「蓋三代取民之異，在乎貢、助、徹，不在乎五十、七十、百畝，特丈尺之不同，而田未嘗易也，故曰其實皆什一也。」

⑧龍子：古代賢人。

⑨挍（ㄐㄧㄠˋ）：比較。

⑩粒米狼戾（ㄌㄧˋ）：粒米，穀米；狼戾，狼籍。

⑪盼（ㄒㄧˋ）盼然：勤苦不休息的樣子。

⑫稱（ㄔㄥ）：借、舉。

⑬《詩》：出自《詩經・小雅・大田》。

⑭雨（ㄩˋ）：用做動詞，澆。

⑮《詩》：出自《詩經・大雅・文王》。

⑯畢戰問井地：畢戰：滕國的大夫。井地：即井田。

⑰經界：同義複詞，此處用做動詞，丈量土地。

⑱鈞：同「均」。

⑲穀祿：同義複詞，古人俸祿用穀所以「穀」有「祿」的意思。

⑳為：有。

㉑圭田：供祭祀用的田地。

【譯文】

滕文公問孟子怎樣才能治理好國家。

孟子說：「關心百姓的事是不能怠慢的，一定要抓緊。《詩經》上說：『白

天去割茅草，晚上把繩搓好；趕緊修房屋，到時播種百穀。』百姓們有一個基本情況：有固定產業和穩定收入的人，就會有一定的道德修養和行為準則，而沒有固定產業和穩定收入的人，就不會有一定的道德修養和行為準則。如果沒有道德修養和行為準則的約束，那麼違禮犯法、為非作歹，什麼壞事都做得出來。等到他們都犯了罪，然後再用刑罰來處置他們，這就像是佈下了羅網去陷害百姓。哪有仁德的人做了君主，卻做出這樣陷害百姓的事的呢？所以賢明的君主，辦事一定會謹慎謙恭，生活上很節儉，而且能以禮對待臣下，向百姓徵收賦稅有一定的制度。陽虎曾說：『要發財的就不會談仁愛，要仁愛的就發不了財了。』

古代的稅收制度大致如此「夏朝每家有五十畝地，賦稅採用『貢』法；商朝每家有七十畝地，賦稅採用『助』法；周朝每家有一百畝地，賦稅採用『徹』法。其實稅率都是十裡抽一。『徹』是『通』的意思，『助』是『借』的意思。龍子說：『田稅沒有比助法更好的，沒有比貢法更差的。』貢法是比較若干年的收成的平均數做為定數，按定數收稅。豐年，糧食多的到處都是，這樣多徵些糧也不算暴虐，而貢法卻徵收得少（因為是按定數徵收的）；荒年，收成的糧食還不夠下一年施肥的費用，可是貢法卻非要足數徵收。國君和官員都可以說是百姓們的父母，卻使百姓們一年到頭勞累不堪，結果還不能養活其父母，還得靠借貸來補足賦稅，使得老人和孩子們四處流亡，最後死在山溝之中，這樣的國君和官員哪還能算是百姓的父母嗎？做官的世代都可以享受俸祿，這在滕國早就實行了，（何不再實行助法，使百姓也能有一定的田地收入呢？）《詩經》上說：『雨先下到我們的公田裡，然後下到我們的私田裡。』只有助法才有公田。由此看來，就是周朝也是實行助法的。

（百姓有了生活保障以後，）就要設立庠、序、學、校來教導百姓。『庠』

是教養的意思；『校』是教導的意思；『序』是教武的意思。（地方的學校，）夏朝稱『校』，商朝稱『序』，周朝稱『庠』；至於中央的大學，三代都共用『學』這個名稱。它們都是用來教人懂得正確的倫理關係的。為政者明白了正確的倫理關係，百姓們自然就會相親相愛。（您要這麼做了，）如果有聖王出現了，必然會來學習的，這樣就成了聖王的老師了。《詩經》上說：『歧周雖是個古老的諸侯國，國運卻充滿著新氣象。』這裡讚美的是文王業績。您只要努力實行，也會使你的國家氣象一新的。」

滕文公派畢戰向孟子請教井田制度的問題。

孟子說：「您的國君打算施行仁政，選派你來我這裡，你可一定要努力啊！施行仁政，一定要從劃分和清理田界開始。田界不正確，井田的大小就不均勻，這樣做為俸祿的田租收入，也就不公平合理了，因此暴君污吏必定要打亂田地的正確界限。只要田界劃分正確了，那麼分配井田，制訂俸祿標準，就可輕而易舉地辦好了。

滕國，雖然土地狹小，但是也是需要官吏和百姓的。如果沒有官吏，就沒有人來管理百姓了；要是沒有百姓了，也就沒有人來供養官吏了。請考慮在農村實行九分抽一的助法，在都市實行十分抽一的貢法。卿以下（的官吏）一定要有可供祭祀費用的五十畝田，要是有剩餘的勞力，那就每一勞動力另給二十五畝。百姓喪葬遷居都不離鄉。鄉里土地在同一井田的各家，出入相互結伴，相互友愛；守衛防盜，相互幫助，有病相互照顧，那麼百姓之間就親密和睦了。辦法是：一里見方的土地定為一個井田，每一井田九百畝地，中間一塊是公田。此外八家都各有一百畝私田，首先共同耕作公田，然後才去忙私田上的農務，這就是區別官吏和百姓所用的辦法。這是井田制的大概情況；至於還想如何加以完善，那就在

於你的國君和你的努力了。」

【點評】

儒家的一貫主張是「先養而後教」，孟子告訴滕文公，要想治理好國家，首先就應該先讓百姓們有的吃、有的住；然後，再設立學校，教百姓明人倫。只有這樣，國家才易於管理，而百姓們也擁護他們的國君。

這裡還說到了稅法，孟子認為助法是稅法中最好的，而貢法則是最差的，所以他希望滕文公和畢戰能實行助法。

【案例】

先養而後教

國以民為本，百姓是一個國家最基本的組成部分，要是沒有百姓，那麼這個國家就不存在了。所以，自古以來都認為「得民心者，得天下」也就是這個意思，只有讓百姓們有了自己的家產，才能夠更好的去學習，這樣他們就懂得了「忠孝之義」，這樣國家才會安定下來。

國父孫中山曾經上書給李鴻章，說道：夫國以民為本，民以食為天，不足食胡以養民？不養民胡以立國？是在先養而後教，此農政之

興尤為今日之急務也。且農為我中國自古之大政，故天子有親耕之典以勸萬民，今欲振興農務，亦不過廣我故規，參行新法而已。民習於所知，雖有更革，必無傾駭，成效一見，爭相樂從，雖舉國遍行，為力尚易，為時亦速也。且今天下之人皆知新法之益，如此則踵行他政，必無撓格之虞，其益固不止一端也。

而唐朝的《唐六典》裡也記載了：由食貨以訖邊防，先養而後教，先禮而後刑，設官以治民，安內以馭外。這些都說明了先養而後教，這是一個國家最基本的政策之一，不論是在什麼時候、什麼地方，它都能行得通。

第三十二篇　威武不能屈

【原文】

景春曰^①：「公孫衍、張儀^②豈不誠大丈夫哉？一怒而諸侯懼，安居而天下熄^③。」

孟子曰：「是焉得為大丈夫乎？子未學禮乎？丈夫之冠^④也，父命之；女子之嫁也，母命之，往送之門，戒之曰：『往之女^⑤家，必敬必戒，無違夫子！』以順為正者，妾婦之道也。居天下之廣居，立天下之正位，行天下之大道^⑥；得志，與民由之；不得志，獨行其道。富貴不能淫，貧賤不能移，威武不能屈，此之謂大丈夫。」

——選自《滕文公章句下》

【注釋】

①景春：戰國時縱橫家，與孟子是同一時期的人。

②公孫衍：魏國人，號犀首，當時著名的說客。張儀：戰國時縱橫家的代表人物，主張連橫，為秦擴張勢力。

③熄：同「息」，安寧。

④冠：古時男子年二十行加冠禮，表示成年。

⑤女：同「汝」。

⑥廣居、正位、大道：朱熹《集注》說：「廣居，仁也；正位，禮也；大道，義
　　也。」

【譯文】

　　景春說：「公孫衍、張儀難道不是真正的大丈夫嗎？只要他們一發怒，諸侯
們都會害怕，只要他們安居在家中，那天下就太平無事。」

　　孟子說：「這怎麼能算是大丈夫呢？你難道沒有學過禮嗎？男子舉行加冠禮
時，由父親訓導他；女子出嫁時，由母親訓導她，送她到門口，還要告誡她說：
『到了妳夫家，一定要恭敬，一定要謹慎，不能違背妳的丈夫！』把順從當作
正理，是為妾為婦的道理。（大丈夫要）居住在天下最寬廣的住宅——仁裡，站
立在天下最正確的位置——禮上，行走在天下最寬廣的道路——義上；得志的時
候，就和百姓們一起走在這條正道上；不得志的時候，那就獨自一人走在這條正
道上。富貴惑亂不了自己的思想，貧賤改變不了自己的操守，威武壓服不了自己
的意志，這才是真正的大丈夫。」

【點評】

　　男子漢大丈夫，可以頂天立地。

　　那麼，什麼是大丈夫呢？在孟子看來，真正的大丈夫，則是「得志，與民由
之」，即「達則兼善天下」；「不得志，獨行其道」，即「窮則獨善其身」。無
論什麼處境，大丈夫都能「富貴不能淫，貧賤不能移，威武不能屈」。公孫儀、
張儀之輩，雖然在當時很著名，人們都知道他們的大名，但因為他們屈服於強大

的秦國，不能算得上是大丈夫。屈服是小人之道，按小人之道行事，怎麼能是大丈夫呢？

真正的大丈夫，要有堅強而獨立的人格，有堅定而執著的信念，以仁、義、禮為終生言行準則，為實現自己的偉大理想而堅持不懈、勇往直前。

真正的大丈夫，要有端正的品行，有高尚的道德素養，有義無反顧的勇敢精神，有愛國家、愛人民的心，時時為百姓著想。

真正的大丈夫，不受外力所牽制，不為金錢所誘惑，不為貧困所喪志，無論貧窮、富貴中，無論強權下或較好的環境中，仍然不改心志，不放棄理想，那我們就是真正的強者，我們就是頂天立地的大丈夫。

「富貴不能淫，貧賤不能移，威武不能屈」，是孟子為大丈夫制訂的標準，更是他一生的真實寫照。

【案例】

蘇武牧羊

男子漢大丈夫要做到：富貴不能淫，貧賤不能移，威武不能屈，我國漢朝時的蘇武，就是這樣的一個讓人敬佩的人。

西元前100年，中郎將蘇武奉漢武帝之命出使匈奴。蘇武到了匈奴，完成了所有的使命，正等單于寫個回信讓他回去，卻出了意外。

蘇武沒來匈奴之前，曾有個叫衛律的漢人，在出使匈奴後投降了匈奴。但他

的部下虞常，對衛律這種投降行為不滿意。虞常是蘇武的副手張勝的好友，暗地跟張勝商量，想殺了衛律，劫持單于的母親，逃回中原。

沒想到虞常的計畫失敗。單于懷疑蘇武是同謀。單于想殺死蘇武，被大臣勸阻了，單于又叫衛律去逼迫蘇武投降。

蘇武死也不投降。

於是，寒冷的冬天裡，單于把蘇武關在地窖裡，不給他吃的、喝的，逼他屈服。

蘇武忍飢挨餓，渴了，就捧了一把雪止渴；餓了，扯了一些皮帶、羊皮片啃著充飢，就是不向單于屈服。

於是，單于把蘇武送到北海（今貝加爾湖）邊去放羊，並對他說：「等公羊生了小羊，才放你回去。」

「公羊怎麼會生小羊呢？」在人煙稀少的北海，蘇武就這樣被長期監禁了，沒有朋友，沒有親人，只有他一個人，寂寞的度過一年又一年，唯一和他作伴的是那根代表朝廷的旌節。

在北海那些年，匈奴不給蘇武吃的，他只能靠掘野鼠洞裡的草根充飢，這樣的日子，對今天的人們來說，是多麼的難以想像。

後來，漢使者到匈奴去，蘇武的隨從常惠買通匈奴人，私下和漢使者見面，把蘇武還活著，並在北海牧羊的情況一一告訴了使者，蘇武才得以在十九年後回到漢朝。

一邊是高官厚祿，一邊是赤膽忠心：站在忘卻與銘記之間、站在逸豫與憂勞之間，他選擇了忘卻富貴，選擇了銘記忠心給人性塗上了最濃重的一筆。

出使的時候，蘇武才四十歲。回來時，他的鬍鬚、頭髮全白了。但他威武不能屈的故事，一直感動著並啟迪著後人。

蘇武不顧威脅利誘，不怕艱苦折磨，堅持十九年而終不屈服。藺相如「完璧歸趙」，既表現了趙國不甘心屈服的決心，又表現出藺相如威武不屈的大丈夫氣概。

他們威武不能屈的精神，對今天的我們來說，依然十分可貴。

第三十三篇　苟行王政

萬章①問曰：「宋，小國也，今將行王政，齊、楚惡而伐之，則如之何？」

孟子曰：「湯居亳②，與葛③為鄰。葛伯放④而不祀。湯使人問之曰：『何為不祀？』曰：『無以供犧牲也。』湯使遺⑤之牛羊。葛伯食之，又不以祀。湯又使人問之曰：『何為不祀？』曰：『無以供粢盛也。』湯使亳眾往為之耕，老弱饋食。葛伯率其民，要其有酒食黍稻者奪之，不授者殺之。有童子以黍肉餉，殺而奪之。《書》曰：『葛伯仇餉⑥。』此之謂也。為其殺是童子而征之，四海之內皆曰：『非富天下也，為匹夫匹婦復仇也。』『湯始征，自葛載。』十一征而無敵於天下。東面而征，西夷怨；南面而征，北狄怨，曰：『奚為後我？』民之望之，若大旱之望雨也。歸市者弗止，芸⑦者不變，誅其君，吊其民，如時雨降，民大悅。《書》曰：『徯我後，後來其無罰。』『有攸不惟臣⑧，東征，綏厥士女。匪厥玄黃⑨，紹我周王見休⑩，惟臣附於大邑周⑪。』其君子實玄黃於匪以迎其君子，其小人⑫簞食壺漿以迎其小人。救民於水火之中，取其殘而已矣。《太誓》⑬曰：『我武惟揚，侵於之疆⑭，則取於殘，殺伐用張，於湯有光。』不行王政云爾，苟行王政，四海之內皆

舉首而望之，欲以為君；齊、楚雖大，何畏焉？」

——選自《滕文公章句下》

【注釋】

①萬章：孟子弟子。

②亳（ㄅㄛˋ）：邑名，在今河南商邱縣境內。

③葛：古國名，嬴姓，在今河南寧陵境內。

④放：放肆，不加約束檢點。

⑤遺（ㄨㄟˋ）：贈與、給予。

⑥葛伯仇餉（ㄒㄧㄤˇ）：趙歧注：「《尚書》逸篇之文。」

⑦芸：同「耘」。

⑧有攸不惟臣：有，語首助詞，無義；攸，國名；惟，為。

⑨匪（ㄈㄟˇ）厥玄黃：匪，竹編的容器；玄黃，束帛之色；玄，黑色。

⑩休：美好。

⑪大邑周：對周的敬稱。

⑫小人：這裡指百姓。

⑬《太誓》：即《泰誓》，《尚書》的篇名，今已亡佚。

⑭侵於之疆：於，國名，即「邘國」，在今河南沁陽西北；疆，疆土。

【譯文】

萬章問孟子道：「宋國是個小國，現在想施行仁政，可是如果齊、楚兩國討厭它，都出兵攻打它，那該怎麼辦？」

　　孟子說：「從前商湯居住在亳地，和葛國是鄰國。葛伯放縱無道，不祭祀先祖鬼神。商湯派人去問他：『為什麼不祭祀呢？』葛伯說：『沒有供祭祀用的牲畜。』商湯於是就派人送給他牛羊。葛伯卻把牛羊都給吃了，並不用來祭祀。商湯又派人去問他：『為什麼不祭祀呢？』葛伯說：『沒有供祭祀用的糧食。』商湯就讓亳地的群眾去替他耕種，又讓年老體弱的去送飯給勞動的百姓吃。葛伯卻帶領自己的人攔截了帶有酒肉飯菜的人進行搶奪，不肯給的就都殺掉。有個孩子拿著飯和肉去送給勞動的人，葛伯也把孩子給殺了，搶走了飯和肉。《尚書》上說：『葛伯仇視送飯的人。』說的就是這件事。正因為葛伯殺了這個孩子，商湯才去征討他，天下的人都說：『商湯不是要把天下變為自己的財富，而是為了給平民百姓報仇。』，『湯王的討伐，就是從葛國開始。』討伐了十一次，天下無敵。討伐東方的時候，西面的民族就埋怨；討伐南面的時候，北面的民族又埋怨了。他們埋怨說：『為什麼把我們這裡放在後面呢？』人民盼望他的到來，就像大旱之年盼望下雨一樣。（不論商湯打到哪裡，）商人照樣做買賣，種地的人照常幹活，（商湯只是來，）殺掉那裡的暴君，安撫那裡的百姓，就像及時雨從天而降，百姓們萬分喜悅。《尚書》上又說：『等待我們的君王，君王來了我們就不用再受折磨了。』又說：『攸國不稱臣，周王向東征討它，安撫那裡的百姓。百姓們都用竹筐裝著黑色、黃色的絹帛，請求介紹與周王會見，願意侍奉周王而受他恩澤，稱臣歸附大周國。』那裡的官吏用筐裝滿黑色、黃色的絹帛來迎接周王的官吏，那裡的百姓抬著飯筐、提著酒壺來迎接周王的士兵們。這正是因為周王把那裡的人民從水深火熱中解救出來，除掉他們的暴君而已。《太誓》上說：『我們的威武要發揚，攻到邢國的疆土上，剗除那裡的暴君，我們的討伐要前進，這是比商湯更輝煌的事業。』不行仁政也便罷了，但是如果行仁政，普天下的百姓都將盼望他，要擁護他做自己的君主；這樣齊、楚兩國雖然強大，但有什

麼可怕的呢？」

【點評】

如果一個人講仁義，他到什麼地方都會受到歡迎，就像強大的齊、楚兩國一樣，但如果齊、楚兩國不行仁政，老百姓又怎會盼望他們來做自己的君主。

這一章是孟子在宋國時的言論，依然是仁義思想的延伸。孟子認為，一個國家的強大或弱小是隨著時間的變化而變化的，其中最重要的在於是否行仁政、得民心。如果能行仁政，就一定會得民心。得民心者，就會由弱變強，因此，也就不怕齊國、楚國這些大國、強國了。

當然了，孟子的言論因其帶有一定的絕對性，在現實生活中未必行得通。但孟子是思想家、哲學家，他的言論與思想也就非一般人可比，比較超前。

【案例】

君臣「馬上」之辯

中國有句古語：「打江山易，守江山難。」這說明治理國家要比奪取國家困難。而歷史也用事實證明了這一點。

漢高祖劉邦剛剛奪得天下，正是得意的時候，陸賈便常常在他的耳邊嘮叨《詩》、《書》如何好，應當讀一讀，惹得這位出身亭長，沒有什麼文化的新皇帝很不耐煩了。終於有一天，龍顏大怒，對陸賈破口大罵：「老子是在馬背上奪得天下的，讀這些書有什麼用。」

　　陸賈也毫不相讓：「你從馬背上奪得天下的，這沒有錯，難道你還想要在馬背上治理天下嗎？古代的聖賢治國哪一個不是逆取而以順守之？當初如果秦始皇奪得天下後，不濫用刑法，而是認真總結前賢的治國之道，以仁義道德行之天下，那麼你今天還能登上皇帝的寶座嗎？」

　　劉邦聽後雖然不高興，但卻面有「慚色」。於是他下令陸賈總結秦亡漢興以及歷史上國家興衰的經驗教訓。陸賈撰成一篇便上奏一篇，史稱「高帝未嘗不稱善，左右呼萬歲，號其書曰《新語》」。陸賈的思想終於獲得了高祖的讚賞，他的文章也被彙編成《新語》一書。陸賈的文章被稱為「新語」，說明它與當時流行的思想是不同的。陸賈不相信所謂赤帝子殺白帝子的神秘力量，直指漢得天下依靠的不是武力，而是秦政的失誤，進而指出「馬上」得天下，但絕不能在「馬上」治天下。而劉邦又以真命天子自居，既不否認武力奪天下的事實，但也最終承認了不能「馬上」治天下的道理。

　　《史記・酈生陸賈列傳》也記載這段君臣思想的激烈交鋒，並達成「馬上」能得天下，而不能「馬上」治天下的共識，這也是人們耳熟能詳的故事。

第三十四篇　近朱者赤，近墨者黑

【原文】

孟子謂戴不勝①曰：「子欲子之王之善與？我明告子。有楚大夫於此，欲其子之齊語也，則使齊人傅②諸？使楚人傅諸？」

曰：「使齊人傅之。」

曰：「一齊人傅之，眾楚人咻③之，雖日撻而求其齊也，不可得矣。引而置之莊嶽④之間數年，雖日撻而求其楚，亦不可得矣。子謂薛居州⑤，善士也，使之居於王所。在於王所者，長幼卑尊皆薛居州也，王誰與為不善？在王所者，長幼卑尊皆非薛居州也，王誰與為善？一薛居州，獨⑥如宋王何？」

——選自《滕文公章句下》

【注釋】

①戴不勝：宋國大夫。

②傅：教導。

③咻：喧擾，吵鬧。

④莊嶽：莊，街名；嶽，里名，都在齊都城臨淄城內。

⑤薛居州：宋國人。

⑥獨：將。

【譯文】

孟子對戴不勝說：「你希望你的君王學好嗎？我明白地告訴你。如果有個楚國的大夫在這裡，想讓他的兒子學說齊國話，那麼是請齊國人教他好呢？還是請楚國人教他好呢？」

戴不勝說：「請齊國人教他。」

孟子說：「一個齊國人教他，許多楚國人在旁邊打擾他們，即使天天鞭打他逼他學好齊國話，這是辦不到的。只要把他帶到齊國的都城鬧市上住個幾年，即使天天鞭打他，要他說好楚國話，這也是辦不到的。你說薛居州是個好人，讓他住在王宮裡。如果在王宮中的人，不論年紀大小、地位高低，都是像薛居州那樣的好人，那麼宋王還能和誰一起做壞事呢？如果在王宮中的人，不論年紀大小、地位高低，都不是薛居州那樣的好人，宋王又能和誰一起做好事呢？僅僅一個薛居州又能對宋王起到什麼影響呢？」

【點評】

「近朱者赤，近墨者黑」這個道理現在我們大家都懂得，可見生活環境的重要性，孟子小的時候，他的母親為了他三次搬家，更說明了這一點。

在這章中，孟子指出了憑藉一個人的力量是微不足道的，當時宋王身邊都是些阿諛奉承的小人，憑藉薛居州一個是改變不了宋王的。

【案例】

環境的重要性

經常和好人在一起，可以慢慢的把人變好，經常和壞人在一起，也可以慢慢的把人變壞，這些都是潛移默化的功能，正如「近朱者赤，近墨者黑」。

《列女傳》上就記載孟母教子的故事，這就是一個很好的例子。孟軻的母親，很懂得人的道德和學問是透過長期的培養形成的，所以對孟軻平時生活和學習上的細節都十分重視，希望透過「潛移默化」的方式來培養孟軻的好習慣。

起初，孟軻的住處離一處公墓不遠，小孟軻經常看到一些送葬人的情景，自己就模仿起來，成天在沙地上埋棺築墓。孟母看出這地方對孩子成長有影響，於是就把家搬到了一個集鎮上，沒多久小孟軻又學著那些挑提賣貨的人吆喝叫賣，孟母又覺得這對孩子的成長有影響，於是又搬了一次家。這次搬到了一所學校附近，小孟軻模仿學校的孩子們，學習揖讓進退的禮儀，孟母這才終於放心地說：「這裡才是我孩子可以居住的地方！」

孟軻上學以後，有點貪玩，進步不是很大。有一次孟母問他：「學得怎麼樣了？」孟子回答說：「還是那樣。」孟母聽後，就拿起剪刀把紡織機上的線給剪斷了，然後對孟子說：「你荒廢學業，就像我剪斷紡織機上的線，布就織不成了一樣，不好好學習，以後就只有成為供人使喚的下人。」孟軻從此以後勤奮學習，終於成了著名的儒家宗師。

有一個楚國人想讓他的兒子學說齊國的語言，於是找了一個齊國的老師任教，由於身在楚國，周圍的人都說楚語，所以過了很久，這個小孩的齊語也沒有

多大的進步，於是楚國人把兒子送往齊國去居住，短短數年，他兒子就學會了齊語，但對本國的楚語卻顯得生疏了。可見，不同的環境會對人產生不同的影響。

　　還有一個故事也是說這個道理的，橘生於淮南則為橘，生於淮北則為枳，雖然它們長的是一模一樣，但是味道卻截然不同，造成這種差異的原因是南方和北方的水土不同。

　　社會環境是複雜的，好壞並存，但是選擇的主動權卻把握在我們自己手中。孔子說：「小時候培養的品格就像是生來就有的天性，長期形成的習慣就像是完全出自自然。人的性情本來很近，但因為習染不同便相差很遠。所以對自己的習染不可不謹慎呀！」

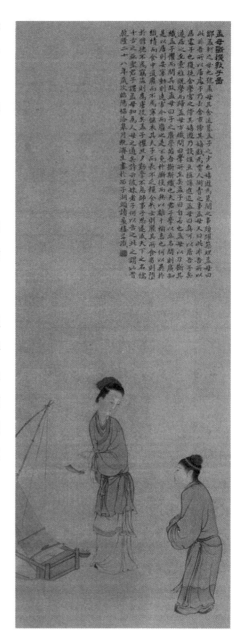

第三十五篇　沒有規矩，不成方圓

【原文】

孟子曰：「離婁①之明，公輸子②之巧，不以規矩，不能成方圓；師曠③之聰，不以六律④，不能正五音⑤；堯舜之道，不以仁政，不能平治天下。今有仁心仁聞⑥而民不被其澤，不可法於後世者，不行先王之道也。故曰，徒善不足以為政，徒法不能以自行。《詩》云：『不愆不忘，率由舊章⑦。』遵先王之法而過者，未之有也。聖人既竭目力焉，繼之以規矩準繩，以為方圓平直，不可勝用也；既竭耳力焉，繼之以六律正五音，不可勝用也；既竭心思焉，繼之以不忍人之政，而仁覆天下矣。故曰，為高必因丘陵，為下必因川澤；為政不因先王之道，可謂智手？是以惟仁者宜在高位。不仁而在高位，是播其惡於眾也。上無道揆⑧也，下無法守也，朝不通道，工不信度⑨，君子犯義，小人犯刑，國之所存者幸也。故曰，城郭不完⑩，兵甲不多，非國之災也；田野不辟，貨財不聚，非國之害也。上無禮，下無學，賊民興，喪無日矣。《詩》曰：『天之方蹶，無然泄泄⑪。』泄泄猶沓沓也。事君無義，進退無禮，言則非先王之道者，猶沓沓也。故曰，責難於君謂之恭，陳善閉邪謂之敬，吾君不能謂之賊。」

——選自《離婁章句上》

【注釋】

①離婁：相傳是黃帝時一個視力特別好的人，能於百步之外，見秋毫之末。

②公輸子：即公輸班（或做公輸般、公輸盤），春秋末年魯國人，故又稱魯班，是古代著名的建築工匠，木匠等行業尊他為祖師。

③師曠：春秋時晉平公的樂師，名曠，相傳他的辨音能力特別強。

④六律：樂律有十二分為陰陽兩類各六，陽為律，陰為呂。六律，指樂律中的陽律，即太蔟、姑洗、蕤賓、夷則、無射、黃鐘；六呂即大呂、應鐘、南呂、函鐘、小呂、夾鐘。

⑤五音：中國古代音樂的五個音階，具體名稱是：宮、商、角、徵、羽。

⑥聞（ㄨㄣˋ）：名聲，名譽。

⑦不愆（ㄑㄧㄢ）不忘，率（ㄕㄨㄞˋ）由舊章：出自《詩經‧大雅‧假樂》。愆，錯誤；率，遵循。

⑧揆（ㄎㄨㄟˊ）：準則，法度。

⑨度：尺度。

⑩完：堅牢，堅固。

⑪天之方蹶，無然泄（ㄧˋ）泄：出自《詩經‧大雅‧板》。天，王者；蹶，動；泄泄，多言。

【譯文】

孟子說：「即使有離婁那樣好的眼力，公輸班那樣好的技巧，然而要是不靠圓規和曲尺，也就不能畫出標準的方形和圓形；即使有師曠那樣好的審音耳力，然而要是不靠六律，也校正不出正確的五音；即使有堯、舜之道，如果不行仁

政，也不能使天下太平。如果有了仁愛之心和仁愛的名聲，但百姓卻沒有受到他的恩澤，這也不能被後世效法，是因為他沒有實行先王之道。所以說，要是只有善心，那還不足以搞好政治，光有好的法度，好法自己也不能自動實行。《詩經》上說：『不犯錯誤，不要遺忘，完全遵循舊的規章制度。』因遵循先王的法制而犯錯的，這是從來沒有的事。聖人先竭盡了目力，接著又用圓規、角尺、水平線、墨線，來製作方的、圓的、平的、直的東西，這些東西就用之不盡了；聖人先竭盡了耳力，然後再用六律來校正五音，那麼各種音階都可以運用無窮了；聖人先竭盡了心思，接著又施行仁政，那樣仁德就遍佈天下了。所以說，想要把樓臺築的高，一定要憑藉山陵的優勢，想要把池塘挖的深，一定要憑藉河澤的優勢；為政者治理國家不憑藉先王之道，這能說是聰明嗎？因此，只有仁人才應該適宜身居要職。要是不仁的人身居要職的話，那樣會讓他把邪惡傳播給百姓。如果在上的不依照道德規範，那麼在下的就不會遵守法度，朝廷不信先王之道，工匠不信尺度，君子則觸犯於理義，百姓則觸犯於刑律，這樣的國家要是還能生存，那只是由於僥倖罷了。所以說，城牆不堅固，軍隊也不夠多，這不是國家的災難；疆土沒有擴大，財富也沒有積聚，這不是國家的禍害。在上的不講禮義，在下的沒有受到教育，違法亂紀的人日益增多，那麼國家的滅亡就很快了。《詩經》上說：『上天正在行動，不要多嘴妄言，泄泄不休。』泄泄和遝遝差不多，都是多嘴多舌、喋喋不休的意思。侍奉君主的不講理義，進退不合禮法，張口就詆毀先王之道，這便是喋喋多言了。所以說，責求君王施行仁政，這叫恭敬；能向君王陳述好的意見，堵塞他的邪念，這叫尊敬；認為君王不能行善的，這叫陷害君王。」

【點評】

本章一開始就舉出了兩個例子：「離婁之明，公輸子之巧，不以規矩，不能成方圓；師曠之聰，不以六律，不能正五音。」從這裡引申為想要平治天下，就必須遵守先王之道，施行仁政。

沒有規矩，不成方圓。什麼是規矩？道義法度，立身的標準，行事的準則。

【案例】

曹操割髮代首

現實生活當中，有很多的事情都是透過一個標準來衡量它的對與錯，或者好與壞的。而這些衡量的標準，則是人民長期實踐所得到的結果。

東漢末年，軍閥混戰，使得百姓們民不聊生，怨聲載道。曹操非常清楚民心的重要性，因此對軍隊的紀律非常重視，他三令五申地要求軍隊必須遵章守紀。曹操特意制訂了嚴格而具體的法令，來針對有些士兵行軍作戰時不注意保護群眾利益的現象，比如戰馬踏壞了群眾的莊稼即處以斬首。這些律令一頒佈，就受到群眾的極大歡迎。

有一次，曹操騎著戰馬出巡，戰馬突然受到驚嚇，竄入田中而踏壞了幾株青苗。監察官員一看是曹操的戰馬踏壞了莊稼，不敢定罪。但曹操卻不肯原諒自己，一面抽打戰馬，一面抽出戰刀就要自裁，這時曹操身邊的侍衛趕緊攔住他，進言相勸道：「丞相您身負重任，為了國家的利益，怎麼能如此懲罰自己呢？馬踏青苗是因馬受驚，情有可原，就是按紀律制裁也應該寬大處理。」曹操卻說：

「紀律剛剛頒佈，如果因我是主帥而不執行，今後別人也就沒有辦法執行了。」還是堅持要自裁。

於是眾僚屬就建議曹操割髮代罪。在當時割頭髮也是一種很重的懲罰，因為古人奉行孝道，強調身體髮膚受之於父母，本人不能輕易毀傷，否則就是不孝。曹操同意了變通處理，自己用戰刀割下一把頭髮，以示警戒。

周亞夫是漢朝一位著名的將軍，他英勇善戰、紀律嚴明。有一次，漢文帝親自犒勞軍隊，他先到達駐紮在灞上和棘門的軍營，文帝一行直接騎馬進入營寨，將軍和他的部下都騎馬前來迎送。接著文帝又到細柳的軍營去犒勞，在那裡駐紮著的是周亞夫的軍隊。

文帝的先驅隊伍到了，但是大營門口的衛兵卻不讓他們進去。先驅隊伍的主事說：「天子馬上就要到了！」把守營門的軍門都尉卻說：「將軍有令：軍隊裡只聽將軍的號令，不聽其他指令。」

過了一會兒，文帝也到了，仍然不能進入軍營。於是文帝便派使者持符節詔告將軍：「我想進入軍營慰勞軍隊。」周亞夫這才傳達命令說：「打開軍營大門！」守衛軍營大門的軍官對文帝一行駕車騎馬的人說：「將軍有規定：在軍營內不許策馬縱橫。」於是文帝等人就拉著轡繩緩緩前行。

進了軍營，周亞夫手執兵器對文帝拱手說：「穿著盔甲的武士無法下拜，請允許我以軍禮參見陛下。」文帝手扶車前的橫木，說：「皇帝敬勞將軍！」完成全部的儀式後才離去。

出了營門，群臣們都說周亞夫做的有點過分，完全沒有把皇上放在眼裡。文

帝卻說：「周亞夫才是真正的將軍！前面所經過的軍隊，就如兒戲一般，那些將軍，用偷襲的辦法就很容易將他們俘虜；至於周亞夫，誰能夠冒犯他呢？」說罷，文帝傳令重賞周亞夫。

俗話說「沒有規矩，不成方圓」。規矩即常規的紀律，用來要求每個成員都應遵守的用來約束自己行為的規則、條文等。在它面前是人人平等的，它也是一件事情想取得成功的基本保證。

第三十六篇　投之以桃，報之以李

【原文】

孟子告齊宣王曰：「君之視臣如手足，則臣視君如腹心；君之視臣如犬馬，則臣視君如國人；君之視臣如土芥，則臣視君如寇仇。」

王曰：「禮，為舊君有服^①，何如斯可為服矣？」

曰：「諫行言聽，膏澤下於民；有故而去，則君使人導之出疆，又先^②於其所往；去三年不反，然後收其田里。此之謂三有禮焉。如此，則為之服矣。今也為臣，諫則不行，言則不聽，膏澤不下於民；有故而去，則君搏執之，又極^③之於其所往；去之日，遂收其田里。此之謂寇仇。寇仇，何服之有？」

——選自《離婁章句下》

【注釋】

①舊君：過去曾侍奉過的君主；服，服喪。

②先：先派人去他所要去的地方聯繫、安排佈置。

③極：窮困。

【譯文】

　　孟子告訴齊宣王說：「君主要是把臣子視為如同自己的手足一樣，那麼臣子就會把君主視為如同是自己的腹心一樣；君主要是把臣子視為如同狗馬一樣，那麼臣子就會把君主視為不相識的人；君主要是把臣子視為如同泥土草芥一樣，那麼臣子就會把君主視為如同是自己的仇人。」

　　齊宣王說：「禮制規定，已經離職的臣子要為先前侍奉過的君主服孝，君主要怎樣做，才能使臣子為他服孝呢？」

　　孟子說：「臣子在職時對君主有勸諫的，而君主能聽從的，有建議的，而君主能採納，使君主恩澤惠及百姓；臣子有原因而離職別去，君主就派人護送他出境，並且派人先到他要去的地方做好安排；離開了三年而還不回返的，才收回他的封地、房屋。這就叫『三有禮』。這樣，臣子就願意為他服孝了。而如今做臣子的，有勸諫的，君主卻不接受，有建議的，君主卻不肯聽，因此，這樣恩澤就不能惠及百姓；臣子有原因要離去的，君主就要去捉拿他，還千方百計在他所去的地方為難他；離開的當天，就沒收了他的封地、房屋。這樣就叫作仇敵。像仇敵一樣的君主，還有什麼人要去為他服孝的呢？」

【點評】

　　本章中齊宣王想讓孟子同意君主高於臣子，而提出了「為舊君有服」的規定。

　　孟子說想要使臣子「為舊君有服」，那麼君主生前就必須要做到「三有禮」，讓所有的臣子都對他口服心服，如果都像現在的君主那樣「三無禮」，讓

臣子覺得你是他的仇敵，他又怎麼會為他的仇敵服孝呢？

　　如果想要別人尊重你，首先你得尊重別人；想要別人為你效力，首先你就要善待別人。說的就是這個道理。

【案例】

魏徵諫唐太宗

　　你用什麼樣的方式去對待別人，別人也會用同樣的方式來對待你。人們有時候總希望別人能對自己好一些，但是自己對別人的時候，就不這樣想了。只有當自己真心付出的時候，別人才會回報你。

　　在中國，唐太宗李世民與大臣魏徵可以說是中國封建社會中君仁臣義的代表。唐太宗最有「納諫」的名聲。而魏徵則是勇於直言諍諫。

　　唐高祖武德九年（西元626年），發生了玄武門之變，李世民即位稱帝，稱號唐太宗。此時，魏徵還是太子的手下幕僚。唐太宗知道魏徵很有才能，所以親自去召見魏徵。

　　唐太宗一見魏徵，就非常生氣地責問說：「你為什麼要挑撥我們兄弟之間的關係？」在場的大臣們看到這般情況，都為魏徵捏一把冷汗。魏徵卻十分鎮靜，從容地回答道：「當時我在太子手下做事，當然要忠於太子。遺憾的是那時太子沒有聽我的話。否則，也不會有今天的結果。」唐太宗聽後不但沒有發火，反而覺得魏徵這個人說話直爽，很有膽識和人格，就和顏悅色地說：「這都已經成為過去的事了，以後就不用再提了。」便任命魏徵為詹事主簿，掌管東宮印檢。沒過多久，又拜他為諫議大夫。

　　唐太宗勵精圖治，經常召見魏徵，讓他諫議治國施政的得失，魏徵總是知無不言，言無不盡。對於魏徵的建議，唐太宗也總是言聽計從。魏徵提倡不要當面贊成，背後又有意見。他先後向唐太宗上陳兩百多件事，常犯顏直諫，唐太宗雖然有時怒不可遏，但是他仍然神色不移，不因此而放棄勸諫。他曾把出於荀子「水則載舟，水則覆舟」的名言告訴唐太宗。唐太宗一直記在心頭，後來看見太子李治乘船，就因勢利導向他進行教育說：「船好比是皇帝，水好比人民，水能使船浮起來，也能使船翻掉。」

　　有一次，唐太宗問魏徵道：「為什麼歷史上的人君，有的人英明，而有的人昏庸？」於是魏徵就給唐太宗列舉了歷史上的許多例子，最後說：「兼聽則明，偏聽則暗。治理天下的人君如果能夠採納臣子的意見，那麼，下情就能上達，誰想要矇蔽也矇蔽不了。」魏徵還勸諫唐太宗對自己喜歡的人，要看到他的缺點；而對自己不喜歡的人，也要看到他的優點。他還經常勸告唐太宗要把「居安思危」、「善始克終」當作座右銘。凡是居安忘危、影響善始克終的言行，魏徵總是盡力諫止。

　　貞觀十一年（西元637年），魏徵寫了著名的奏章《諫太宗十思疏》呈獻給唐

太宗。他用前代興亡的歷史教訓，提醒唐太宗「居安思危，戒奢以儉」。唐太宗接到這篇奏章後，親手寫了詔書答覆魏徵。詔書中承認自己的過失，接受魏徵的勸告，並將奏章放在案頭上，做為警戒和督促。貞觀十三年（西元639年），魏徵任門下侍中時，又上《十漸不克終疏》，指出了唐太宗在十個方面不能善始善終的缺點，督促他即時警覺，勸諫他要繼續保持貞觀初年那種節儉、敦樸、謹慎的作風。唐太宗接到這一奏章，細讀之後，深感言之有理，就把它寫在屏風上，便於朝夕閱讀，引起警惕。他並親自向魏徵表示：「我聞過能改，安不忘危，一定要善始善終，絕不違背此言。」

唐太宗對魏徵的評價也很高，他曾說過，在統一戰爭和奪取皇位的過程中，以房玄齡的功勞最大；貞觀以後，安國利民，犯顏正諫，以魏徵的功勞最大。貞觀十七年（西元643年），魏徵去世，唐太宗親自前去弔唁，親自撰寫碑文加以表彰，並在一次朝會上對群臣說：「人們用銅鏡照自己，可以看到自己的穿戴是否整齊；用過去的事情做鏡子，可以知道歷代興衰的原因；用人做鏡子，可以知道自己的正確和錯誤。魏徵的去世，我失掉一面鏡子。」

「滴水之恩，當湧泉相報。」說的正是這個道理，只有當你對別人信任的時候，別人才會信任你。要是當初唐太宗怠慢魏徵，或者把他當作是太子的同黨給殺了，那還會有後來的貞觀之治嗎？這正是「投之以桃，報之以李」。

第三十七篇　有所不為，才有所為

【原文】

　　孟子曰：「人有不為也，而後可以有為。」

——選自《離婁章句下》

【譯文】

　　孟子說：「一個人要有所不為，然後才能有所為。」

【點評】

　　一個人的時間和精力都很有限，要學會懂得放棄，才可能集中精力做好你最需要去做的事。

【案例】

無欲則剛

　　有許多的事情，我們能夠去做，但是卻不去做；而有的事情，我們做不了，但偏偏要去做。這是對自己的能力不瞭解，只有瞭解了自己的能力後，我們才會知道，該做什麼，不該做什麼。

　　俄國作家托爾斯泰曾經寫過一個短篇故事：有個農夫，每天早出晚歸地耕種

著他那自己的一小片貧瘠的土地，但是收成卻很少；一位天使可憐農夫的境遇，就對農夫說：「只要你能不斷往前跑，你跑過的所有地方，不管面積多大，那些土地將全部歸你。」

於是，農夫興奮地向前跑，一直跑、一直不停地跑！他跑得實在是有點累了，想停下來休息一會兒，然而，他一想到家裡的妻子、兒女，都需要更大的土地去耕作來賺錢養活他們。所以，他又拼命地再往前跑。可是真的太累了，農夫上氣不接下氣，實在跑不動了。於是，農夫又想到將來自己年紀大了，可能會沒有人來照顧又需要錢，就強打起精神，不顧氣喘不已的身子，再次奮力向前跑。

最後，他體力不支，摔倒在地上，死了。

人活在世上，是必須要努力奮鬥；但是，當我們為了自己、為了家庭、為了子女、為了有更好的生活，而必須不斷地「往前跑」、不斷地「拼命賺錢」時，也必須要清楚的知道有時該是「往回跑的時候了」。因為妻子、兒女正望眼欲穿的在家等你回來呢！

人活著，會有很多的責任和欲望，要是失去了這些東西，那麼人生會變得毫無意義。然而這些東西如果太多，背在身上也會很沉重，搞不好就把自己給壓垮。所以人不能有太多的欲望，要學會懂得取捨，尤其是要學會放棄。在這大千世界裡，如果你什麼都想要，那麼就會累死你，「無欲則剛」，該放就放，這也是人生最寶貴的經驗。

第三十八篇　百善孝為先

【原文】

萬章問曰：「舜往於田，號泣於旻天^①，何為其號泣也？」

孟子曰：「怨慕^②也。」

萬章曰：「『父母愛之，喜而不忘；父母惡之，勞而不怨。』然則舜怨乎？」

曰：「長息問於公明高^③曰：『舜往於田，則吾既得聞命矣；號泣於旻天，於父母，則吾不知也。』公明高曰：『是非爾所知也。』夫公明高以孝子之心，為不若是恝^④：我竭力耕田，共^⑤為子職而已矣，父母之不我愛，於我何哉？帝使其子九男二女，百官牛羊倉廩備，以事舜於畎畝之中，天下之士多就之者，帝將胥^⑥天下而遷之焉。為不順^⑦於父母，如窮人無所歸。天下之士悅之，人之所欲也，而不足以解憂；好色，人之所欲，妻帝之二女，而不足以解憂；富，人之所欲，富有天下，而不足以解憂；貴，人之所欲，貴為天子，而不足以解憂。人悅之、好色、富貴，無足以解憂者，惟順於父母可以解憂。人少，則慕父母；知好色，則慕少艾^⑧；有妻子，則慕妻子；仕則慕君，不得於君則熱中。大孝終身慕父母。五十而慕者，予於大舜見之矣。」

——選自《萬章章句上》

【注釋】

①號泣於旻天：號，哭的時候有言語；泣，無聲或小聲的哭；旻天，天空，蒼天。

②慕：想念，依戀。

③長息、公明高：長息，公明高的弟子；公明高，曾參的弟子。

④恝（ㄐㄧㄚˊ）：無憂無愁的樣子。

⑤共：同「恭」，恭敬。

⑥胥：皆、盡。

⑦順：喜歡，歡心。

⑧少艾：艾，美好。此處指年輕貌美的少女。

【譯文】

萬章問孟子道：「舜到歷山去耕作時，向著天哭訴，他為什麼要哭訴呢？」

孟子說：「那是因為他對父母有埋怨但是又有想念。」

萬章說：「（曾子說：）『父母都喜歡他的時候，他雖然高興而又不能忘記侍奉父母；父母討厭他的時候，他雖然有憂愁但是卻不埋怨父母。』那麼舜怎麼會埋怨父母呢？」

孟子說：「以前長息問公明高：『舜到歷山去耕作，我聽您解說過了；但是他對天哭訴，這樣對待父母，我還不理解。』公明高說：『這不是你所能夠明白得了。』公明高認為，孝子的心是不能像這樣無憂無慮、蠻不在乎的。『我竭力耕田，恭敬地盡到做兒子該履行的職責就行了，要是父母不喜歡我，我又有什麼辦法呢？』帝堯讓自己的九個兒子、兩個女兒和大小官員，一起帶著牛羊和

糧食，到田野中侍奉舜，天下的士人也都來投奔他，帝堯還將整個天下都讓給了他。舜卻因為不能得到父母的歡心，而像窮苦的人無所歸宿似的。天下的士人都喜歡他，這是人人都希望得到的，但卻不足以消除舜的憂愁；漂亮的女人，這也是人人都希望可以得到的，舜娶了帝堯的兩個女兒，但卻不足以消除他的憂愁；財富，也是人人都希望可以得到的，舜富有天下，但卻不足以消除他的憂愁；尊貴，是人人都希望可以得到的，舜尊貴到當了天子，但卻不足以消除他的憂愁。士人的喜歡、漂亮的女人、財富和尊貴，都不足以消除憂愁的，只有得到了父母的歡心，才能夠消除他的憂愁。人在小的時候，就依戀於父母；懂得男女之事後，就傾慕年輕美貌的女子；有了妻子後，就眷念妻子；做了官，就討好君主；要是得不到君主信任，心裡就因為焦急而難受。只有具有最大孝心的人，才能終身眷念父母。到了五十歲還眷念父母的，我在偉大的舜身上看到了。」

【點評】

「百善孝為先」，所以孝道是儒家歷來強調的一個做人的根本原則。

在這章中，孟子認為孝是有差別的，曾子的孝是「父母愛之，喜而不忘；父母惡之，勞而不怨」。而舜的孝則是「不能得到父母的歡心，就深深的自責，向天哭訴」。所以說曾子的孝不如舜的孝。

孝敬父母，是美德，然而終身都孝敬父母的才算是大孝。

【案例】

黃香的故事

大舜在自己什麼都做得很好的情況下，還是得不到自己父母的歡心，於是他就向天哭訴。在中國，講的就是「忠孝」，對自己的國家要忠，對自己的長輩要孝。孝敬父母，敬老尊老，這也是中華民族的傳統美德。

父母不僅給予了我們生命，而且含辛茹苦地哺育我們成長。我們最初的一些生活知識、勞動知識和做人的道理，也都是父母教會的，他們理應得到我們的回報，理應受到我們的孝敬。在中國的古書《三字經》裡，就有「香九齡，能溫席」的記載，講的是我國古代「黃香溫席」的故事。

黃香小時候，家中生活環境很貧苦。在他9歲時，母親就去世了，黃香非常悲傷。在母親生病期間，小黃香一直寸步不離，守護在媽媽的病床前，母親去世後，他對父親更加關心、照顧，盡量讓父親少操心。

冬天的夜裡，天氣是特別的寒冷。那時，農戶家裡沒有任何取暖的設備，在這樣寒冷的夜晚，很難讓人入睡。有一次，小黃香晚上讀書時，感到特別的冷，捧著書卷的手一會兒就冰涼了。他這時心裡在想：這麼冷的天氣，爸爸一定很冷，他老人家白天幹了一天的活，晚上還不能好好地睡覺。想到這裡，小黃香心裡很不安。為了讓父親少挨冷受凍，能睡個好覺，他讀完書後，便悄悄走進父親的房裡，給他鋪好被，然後脫了衣服，鑽進父親的被窩裡，用自己的體溫，溫暖了冰冷的被窩之後，才招呼父親睡下。黃香用自己的孝敬之心，暖了父親的心。黃香溫席的故事，就這樣傳開了，街坊鄰居人人誇獎黃香。

　　冬去春來，轉眼就到了夏天，黃香家低矮的房子顯得格外的悶熱，而且蚊蠅也很多。到了晚上，大家都在院裡乘涼，儘管每人都不停地搖著手中的蒲扇，可是仍覺得酷暑難熬。夜深了，大家也都睏了，準備回家去睡覺，這時，大家才發現小黃香一直沒有在這裡，不知道到哪裡去了。

　　父親急忙喊著：「香兒，香兒。」

　　「爹爹，我在這兒呢！」說著，黃香從父親的房中走出來。滿頭的汗，手裡還拿著一把大蒲扇。

　　爸爸看了後心疼地說：「這麼熱的天氣，你在做什麼呢？」

　　黃香回答說：「屋裡太熱，蚊蟲又多，我就用扇子使勁搧，蚊蟲就跑了，屋子也會顯得涼快些，您好睡覺。」爸爸緊緊地摟住黃香，「我的好孩子，可是你自己卻出了一身汗呀！」此時，黃香心裡卻是無比的高興。此後，黃香為了讓父親能睡好，晚飯後，總是拿著扇子把蚊蠅搧跑，還要搧涼父親睡覺的床和枕頭，使勞累了一天的父親能早些入睡。

　　九歲的小黃香就是這樣孝敬父親，人稱溫席的黃香，天下無雙。他長大以後，人們常說，能孝敬父母的人，也一定會懂得愛護百姓，忠於自己的國家。事情也正是這樣，黃香後來做了地方官，果然不負眾望，為當地老百姓做了很多的好事，他孝敬父母的故事，也被流傳千古。

　　孝，做為中國民族文化遺產之一，它是一種民族文化的精華，而不是糟粕，永遠不會被忘懷。不管時代怎樣變遷，孝敬父母、尊老愛幼的傳統美德不會變。然而，在現代的現實生活中，有些子女「孝」的觀念淡薄了，虐待老人的現象屢見不鮮，這該引起我們的警覺了。

第三十九篇　敢問交際何心也

【原文】

萬章問曰:「敢問交際何心也?」

孟子曰:「恭也。」

曰:「『卻之卻之為不恭』,何哉?」

曰:「尊者賜之,曰:『其所取之者義乎,不義乎?』而後受之。以是為不恭,故弗卻也。」

曰:「請無以辭卻之,以心卻之,曰『其取諸民之不義也』,而以他辭無受,不可乎?」

曰:「其交也以道,其接也以禮,斯孔子受之矣。」

萬章曰:「今有禦①人於國門之外者,其交也以道,其饋也以禮,斯可受禦與?」

曰:「不可。《康誥》②曰:『殺越③人於貨,閔不畏死,凡民罔不譈④。』是不待教而誅者也。殷受夏,周受殷,所不辭也;於今為烈,如之何其受之?」

曰:「今之諸侯取之於民也,猶禦也。苟善其禮際矣,斯君子

受之，敢問何說也？」

曰：「子以為有王者作，將比⑤今之諸侯而誅之乎？其教之不改而後誅之乎？夫謂非其有而取之者盜也，充類至義之盡也。孔子之仕於魯也，魯人獵較⑥，孔子亦獵較。獵較猶可，而況受其賜乎？」

曰：「然則孔子之仕也，非事道⑦與？」

曰：「事道也。」

「事道奚獵較也？」

曰：「孔子先簿正祭器⑧，不以四方之食供簿正。」

曰：「奚不去也？」

曰：「為之兆⑨也。兆足以行矣而不行，而後去。是以未嘗有所終三年淹⑩也。孔子有見行可之仕，有際可之仕，有公養⑪之仕。於季桓子⑫，見行可之仕也；於衛靈公⑬，際可之仕也；於衛孝公⑭，公養之仕也。」

——選自《萬章章句下》

【注釋】

①禦：止，阻攔。

②《康誥》：《尚書》中的一篇。

③越：為虛詞，無義。

④憝（ㄉㄨㄟˋ）：怨恨。

⑤比（ㄅㄧˋ）：同。

⑥獵較：古代風俗，打獵時爭奪獵物，以所得用作祭祀，後泛指打獵。

⑦事道：「為道而事」，古時常用此語法。

⑧簿正祭器：按禮書上的要求擺放祭器和祭品。

⑨兆：開始。

⑩淹：停留。

⑪際可、公養：際可，對一個人的禮遇；公養，是對一般人都禮遇。

⑫季桓子：魯國的正卿。

⑬衛靈公：衛國國君，西元前534年～前493年在位。

⑭衛孝公：不見於史書記載，可能即衛出公輒；輒是衛靈公之孫，繼靈公即位。

【譯文】

萬章問孟子道：「請問，和別人交往應該要什麼樣的心情？」

孟子說：「要以恭敬的心情。」

萬章問：「常言道『對於別人的禮物一而再、再而三的拒絕是不恭敬的』，這是為什麼呢？」

孟子說：「有地位的人賜給的禮物，心想：『他給的這些東西是符合義的呢？還是不符合義的呢？』然後才接受。認為這是不恭敬的，所以不能拒絕。」

萬章說：「如果不用言語拒絕，而在心裡拒絕，心想『他從百姓那裡取來這

些東西是不符合義的』，然後再用別的理由拒絕接受，這樣不可以嗎？」

孟子說：「他和我的結交是按規矩來的，又按禮節規定送禮，這樣，就是連孔子也會接受的。」

萬章說：「如果有一個在城外攔路搶劫的人，他也按規矩和我交往，又按禮節贈送禮物，這樣也可以接受他搶來的東西嗎？」

孟子說：「不可以。《康誥》上說：『殺人搶劫，強橫不怕死的人，百姓沒有不痛恨的。』這種人是不必先教育他就可以直接處死的。商朝是從夏朝那裡接受了這種法律的，而周朝又是從商朝那裡接受的，沒有更改；現在殺人越貨十分猖狂，又怎麼能接受他的贓物呢？」

萬章說：「現在的諸侯從百姓那裡奪取財物，這和攔路搶劫是一樣的。假如他們按照禮節交往，這樣君子就能接受他們的禮物了，請問這又是什麼道理呢？」

孟子說：「你認為如果有聖王出現，他將會把現在的諸侯一律都殺掉呢？還是把經過教育仍不悔改的諸侯殺掉呢？而且，不是自己的東西，自己卻得到了，這種行為就是搶劫，這是把『搶劫』的含意範圍擴大到最盡頭的極端說法。孔子在魯國做官時，魯國人有打獵時爭奪獵物的習俗，孔子也去爭奪了。爭奪獵物尚且可以，何況是接受別人餽贈的禮物呢？」

萬章說：「那麼孔子做官，不是為了行道嗎？」

孟子說：「是為了行道。」

萬章道：「既然是行道，那又為什麼要去爭奪獵物呢？」

孟子說：「孔子先用禮來規定該用的祭器，不用四方珍奇的獵物充當祭品。所以要用打獵爭奪來的獵物做祭品。」

萬章說：「那孔子為什麼不辭官離開呢？」

孟子說：「這是為了試行。試行的結果可以行得通，而君主卻不推行，這才離開那裡。所以孔子沒有在一個國君那裡待滿三年的。孔子是因為有行道的可能而去做官，或者是因為君主對他以禮相待而去做官，或者是因為君主能供養賢士而去做官。對於季桓子，是因為有行道的可能而去做官；對於衛靈公，是他能以禮相待而去做官；對於衛孝公，是他能供養賢士而去做官。」

【點評】

交際與交友不同，交友是交心，而交際則是人情往來。只要是「其交也以道，其接也以禮」，我們都應該可以接受的。但是有多少的貪官污吏藉此為名，大肆的收受賄賂，這樣既損害了國家的利益，最終也害了自己。

中國有一句古話：「天下熙熙，皆為利來；天下壤壤，皆為利往。」財為生活之源，愛財本身並無錯誤，但要取之有道。所以不義之財，我們還是避而遠之為好。不管你是誰。

【案例】

不取不義之財

世界上有很多的貪官，並不是一開始就貪的，有的甚至剛開始時是非常的廉潔，但是隨著時間的慢慢轉移，他們才開始貪贓枉法，收受賄賂。最後終於害人害己。但是也有一些意志堅定的人，不管身處何方，不管時間怎樣的推移，他們也都能站的直、坐的正，這樣的人格，才是值得我們去學習。

《後漢書》裡就記載了這樣一個故事：大將軍鄧騭聽說楊震德才兼備就徵召他，舉薦他為「茂才」。由於他的政績很好，而且為官又很清廉，朝廷把他四次升遷，做了荊州刺史、東萊太守，當他去東萊上任的時候，途中路過昌邑，昌邑縣的縣令王密，原來是由楊震在任荊州刺史所推薦的官員，他為了感謝楊震的知遇之恩，深夜前來拜見，並且還帶著十斤黃金做為禮物贈送給楊震，希望他以後能多多的關照自己。楊震看了後說：「我瞭解你是怎麼樣的人，然而你卻不瞭解我，這是為什麼呢？」王密說：「現在是深夜，您就放心收下吧！不會有人知道的。」楊震嚴肅地說：「天知，地知，我知，子知。又怎麼能說沒有人知道呢？」王密十分的羞愧，只好帶著禮物走了。

不義之財，不可取。這個道理誰都懂得，但是真正做到的又有幾個？有時候，大家都是睜一隻眼，閉一隻眼，半推半就的收下了，而這也是淪為貪官污吏必經的程序之一。

第四十篇　重視擇友的藝術

【原文】

孟子謂萬章曰：「一鄉之善士斯友一鄉之善士，一國之善士斯友一國之善士，天下之善士，斯友天下之善士。以友天下之善士為未足，又尚①論古之人。頌②其詩，讀其書，不知其人，可乎？是以論其世也。是尚友也。」

——選自《萬章章句下》

【注釋】

①尚：同「上」。
②頌：同「誦」。

【譯文】

孟子對萬章說：「一個鄉村中的優秀人物，和這個鄉村的優秀人物交朋友；一國中的優秀人物，和這一國中的優秀人物交朋友；而天下的優秀人物，和天下的優秀人物交朋友。如果認為和天下的優秀人物交朋友還不夠，那就又可以上溯古代，評論古代的人物。吟誦他們的詩，讀他們的著作，但不瞭解他們的為人，這樣行嗎？所以還要研究他們在那個時代的生活環境。這就是和古人交朋友。」

【點評】

　　這章是孟子告訴弟子們的交友之道。交朋友，就是交心，是為了相互幫助，從一鄉之善士，到一國之善士，繼而再到天下之善士。如果這樣還不滿足，那就透過詩、書，向古人學習。

【案例】

交朋友重在誠信

　　朋友多了路好走，交朋友也可以說是人一生中做的最多也是最平凡的事了。交普通的朋友易，但是想要交真心的朋友，交個知己，那可就不是那麼簡單了。這不僅是要自己的真心付出，還要看對方是不是個賢明之人。

　　春秋時期，有個叫伯牙的人，他以擅長彈琴而出名；還有一個叫鍾子期的人，他對琴音具有特別的鑑賞力，由於兩個人興趣相同，有共同的愛好，所以成了好朋友。

　　伯牙在彈琴時，鍾子期總會坐在旁邊認真聽，那琴音高亢，巍巍挺拔，每當表現出高山的雄偉時，鍾子期就會讚嘆說：「彈得真好啊！遠大志向融入巍巍高山！」而琴聲表現出流水的浩瀚時，鍾子期又會讚嘆說：「彈得真好啊！我彷彿看到流水洶湧澎湃，一瀉千里。」兩人相知很深，交往也更加密切，成了真正的摯友、知己。

後來鍾子期死了，伯牙認為世上再也沒人能夠聽懂他的高山流水之音，終生不復彈琴。伯牙和鍾子期都能虛心學習對方襟懷坦白、光明磊落、恪守道德的高尚品德，這也為後人樹立了交友的典範。

東漢時，汝南郡的張劭和山陽郡的范式同在京城洛陽讀書，兩人感情非常的好，當他們分別的時候，張劭望著天空的大雁說：「今日一別，相距甚遠，不知何年才能見面。」說著，傷心的哭了。范式拉著張劭的手，勸解道：「兄長，不必悲傷。兩年後的秋天，我一定去你家拜訪，與你相聚。」約定好相聚的日期後，他們都各自回家去了。

眨眼間就是兩年後的秋天了。張劭突然聽見天空的雁叫，不由得自言自語說：「他快來了。」說完趕緊回到屋裡，對母親說：「母親，剛才我聽見了大雁的叫聲，范式快來了，我們準備準備吧！」「傻孩子，山陽郡離這裡有一千多里路，范式怎麼會來呢？」他母親不相信，搖頭嘆息：「這可是一千多里路啊！」張劭卻說：「范式為人正直、誠懇、極守信用，不會不來的。」

約定的日期到了，范式果然風塵僕僕地趕來了。舊友重逢，異常親熱。老媽媽也激動地站在一旁感嘆地說：「天下真有這麼講信用的朋友！」到了今天，范式重信守諾的故事也一直為人所傳誦。

「人無信不立」，信用是立身之本，它是人類至大的美德之一。一個守信用的人，走到哪裡都會受人歡迎，不守信用的人只能處處受到人們的鄙棄。而這也是能不能交到知己的一個重要原因。

第四十一篇　捨生取義

【原文】

孟子曰：「魚我所欲也，熊掌亦我所欲也；二者不可得兼，舍魚而取熊掌者也。生亦我所欲也，義亦我所欲也；二者不可得兼，舍生而取義者也。生亦我所欲，所欲有甚於生者，故不為苟得①也；死亦我所惡，所惡有甚於死者，故患有所不辟②也。如使人之所欲莫甚於生，則凡可以得生者，何不用也？使人之所惡莫甚於死者，則凡可以辟患者，何不為也？由是則生而有不用也，由是則可以辟患而有不為也，是故所欲有甚於生者，所惡有甚於死者。非獨賢者有是心也，人皆有之，賢者能勿喪耳。一簞食，一豆羹③，得之則生，弗得則死，嘑④爾而與之，行道之人弗受；蹴⑤爾而與之，乞人不屑也；萬鍾⑥則不辯禮義而受之。萬鍾於我何加焉？為宮室之美、妻妾之奉、所識窮乏者得⑦我與？鄉為身死而不受，今為宮室之美為之；鄉為身死而不受，今為妻妾之奉為之；鄉⑧為身死而不受，今為所識窮乏者得我而為之，是亦不可以已乎？此之謂失其本心。」

——選自《告子章句上》

【注釋】

①苟得：苟且偷生。

②辟：同「避」。

③一簞食（ㄙˋ），一豆羹：食，名詞，飯。豆，古代一種盛食物的器皿。羹，濃湯。

④嘑：同「呼」。

⑤蹴（ㄘㄨˋ）：踐踏。

⑥鍾：古代量器，六斛四斗為一鍾。

⑦得：通「德」，引申為感恩。

⑧鄉：同「向」。

【譯文】

　　孟子說：「魚是我所喜歡的，熊掌也是我所喜歡的；要是這兩樣不可能同時得到，那就捨棄魚而要熊掌。生命是我所珍愛的，義也是我所追求的；要是這兩樣不能同時兼顧，那我就放棄生命而去追求義。生命是我所珍愛的，但是如果還有比生命更珍貴的東西，那我寧願放棄生命，也不去做苟且偷生的事；死亡是我所憎惡的，但是還有讓我覺得比死亡更憎惡的，所以有些禍患我並不去躲避。如果人們所喜愛的沒有什麼超過生命的了，那麼凡是一切可以生存的手段，為什麼不採用呢？如果人們所憎惡的沒有什麼超過死亡的，那麼凡是一切可以躲避禍患的事，為什麼不去做呢？按照這麼做就能生存，然而有人卻不去做，按照這麼做就能避開禍患，然而有人卻不願去做，由此可見，人所喜愛的有超過生命的，所憎惡的也有超過死亡的。這不僅僅是賢人有這樣的思想，這是人人都有的，只是賢人能不喪失它而已。一筐飯，一碗湯，得到就能夠活下去，而得不到就得餓死，但如果吆喝著施捨給人，就是路上的餓漢也不願接受；如果用腳踢過去施捨給人，那就連乞丐也會不屑一顧的。一萬鍾的俸祿，有人卻不問是否合乎禮義就

接受了。萬鍾的俸祿對我有什麼好處呢？是為了住宅的華美、妻妾的侍奉和所認識的窮人感激我嗎？從前寧死也不接受的，現在卻為了住宅的華麗而接受了；從前寧死也不接受的，現在卻為了妻妾的侍奉而接受了；從前寧死也不接受的，現在卻為了讓所認識的窮人感激我而接受了，難道這種行為不應該停止了嗎？這就叫喪失了人的本性。」

【點評】

當我們遇到了「二者不可兼得」的時候，我們該做怎麼樣的取捨呢？

孟子在本章的開頭就以捨魚而取熊掌的比喻，引申出了本章的主旨「捨生取義」。不管我們要取什麼，或者捨棄什麼，都不能夠「失其本心」。這樣我們才能立於社會當中。

【案例】

吉平罵曹操

中國古代能捨生取義者，不勝枚舉，漢朝的蘇武、南宋的文天祥、清朝的譚嗣同等等，這些都是非常出名的，還有一些鮮為人知的，以及一些不為人知的。

三國時期，太醫吉平，就是其中一個。

建安五年五月，劉表、馬騰起兵伐曹。許昌空虛，七義預備起事。太醫吉平知道此事後，就獻計趁曹操治病的時候以毒藥鴆殺曹操，但是他們的計畫卻被董承的下人所告發。次日，曹操就詐患頭風，召吉平用藥，吉平於是暗中下了毒

藥，但是卻被曹操點破，吉平知事情已洩漏，於是縱步向前，扯住曹操的耳朵想強行給他灌下去。曹操把藥推潑到地上，曹操的侍衛隨即把吉平給制伏了。之後就是嚴加拷問，吉平面不改色，毫不畏懼。罵曹操道：「你是個欺君罔上的賊子，天下的人皆欲殺你，又何止是我一個。」曹操再三的折磨他，想問他的同黨是誰。吉平怒曰：「我自己想要殺你，又要什麼人來指使我呢？今天既然事情敗漏，只有死了而已！」

數日後曹操到董承的家裡去，把吉平推至階下。又問吉平道：「是誰讓你來用藥害我？快快招供！」吉平說道：「是上天讓我來殺你這個逆賊的。」曹操聽後就叫侍衛打他，打得吉平體無完膚。曹操又問吉平道：「你原有十根指頭，現在為什麼只有九根指頭？」吉平說：「我砍下了一根做為要誓殺國賊的憑證。」曹操叫侍衛把刀取來，把吉平所剩下的九根手指全部砍掉，並且說：「全部都砍了。」吉平又說道：「我還有口，可以吞逆賊；還有舌頭，可以罵逆賊。」曹操又下令把吉平的舌頭割掉。吉平突然說：「先別動手，我現在熬不過你的刑法，所以只得招供。可以為我鬆綁嗎？」曹操說：「給你鬆綁有什麼困難？」於是讓侍衛鬆綁了吉平身上的繩索。吉平起身朝著皇宮的方向拜了拜，說道：「臣不能為國家剷除逆賊，這乃天數啊！」拜完後，吉平撞階而死。

史官有詩曰：「漢朝無起色，醫國有稱平；立誓除奸黨，捐軀報聖明。極刑詞愈烈，慘死氣如生。十指淋漓處，千秋仰異名。」這正是「捨生取義」最典型的例子。

第四十二篇　心存仁德，行合道義

【原文】

孟子曰：「仁，人心也；義，人路也。舍其路而弗由，放其心而不知求，哀哉！人有雞犬放，則知求之；有放心而不知求。學問之道無他，求其放心而已矣。」

——選自《告子章句上》

【譯文】

孟子說：「仁，是人的善心；義，是人的正路。放棄了那條正路而不走，遺失了那顆善心而不去尋找，這真是悲哀呀！一個人，遺失了雞狗還知道去尋找；有人遺失了善心卻不知道去尋找。做學問的道理沒有別的，只是將他遺失了的善心找回來罷了。」

【點評】

心有所失，當以學問求之。所以，求其放心，對一個人是很重要的。

孟子認為人天生都有善心，其後才遺失了善心的，是因為自己不注意的緣故。遺失了善心，固然是可悲的，但是也不需要絕望。孟子告訴人們只要能把遺失的善心找回來，並不斷地提高其修養，最後也能成為聖賢。

孟子最後也在呼籲：「學問之道無他，求其放心而已矣。」

【案例】

與人為善

古人以「與人為善」之美、修身立德的諄諄教誨警示世人。與人為善，善莫大焉。「與人為善」是一種崇高的道德修養，這也是中華民族的一種傳統美德。

清朝康熙年間，安徽桐城市有一位姓張的和一位姓吳的，他們是鄰居，吳姓人家想越界蓋房，這引發了兩家的爭執。於是姓張的這人就寫了一封信給他的親戚，也就是當時文華殿大學士兼禮部尚書張英，想透過他來為自己爭地。結果，張英寫了一首詩回覆他親戚，詩中寫道：「一紙書來只為牆，讓他三尺又何妨？長城萬里今猶在，不見當年秦始皇。」張家人見詩，就讓地給吳家三尺；吳姓人家深感其義，也退讓三尺，從此張李兩家世代交好，延續至今。這樣就誕生了今天的「六尺巷」。

俗語有「宰相肚裡能撐船」之說。人由於緣分而相識、相知、相聚，時間長了，難免會發生一些不愉快、不和諧的事情，面對一個小小的過失，常常以一個淡淡的微笑，一句輕輕的歉語，就能帶來包涵與諒解，這是與人為善。

第四十三篇　人之於身也

【原文】

孟子曰：「人之於身也，兼所愛。兼所愛，則兼所養也。無尺寸之膚不愛焉，則無尺寸之膚不養也。所以考其善不善者，豈有他哉？於己取之而已矣。體有貴賤，有小大①。無以小害大，無以賤害貴。養其小者為小人，養其大者為大人。今有場師②，舍其梧檟③，養其樲棘④，則為賤場師焉。養其一指而失其肩背，而不知也，則為狼疾⑤人也。飲食之人，則人賤之矣，為其養小以失大也。飲食之人無有失也，則口腹豈適⑥為尺寸之膚哉？」

——選自《告子章句上》

【注釋】

①體有貴賤，有小大：朱熹《四書集注》云：「賤而小者，口腹也；貴而大者，心志也。」

②場師：園藝家、林場管理人。

③梧檟（ㄐㄧㄚˇ）：梧，梧桐；檟，楸樹。梧檟，都是好木材。

④樲（ㄦˋ）棘（ㄐㄧˊ）：樲，酸棗；棘，荊棘。樲棘。都不是好木材。

⑤狼疾：同「狼籍」，散亂、錯雜的樣子。這裡是昏憒糊塗的意思。

⑥適：只，僅。

【譯文】

孟子說：「人對於自己的身體，是每個部分都愛護的。都愛護便會都加以保養。沒有一尺一寸的肌膚不愛護，便沒有一尺一寸的肌膚不保養。用來觀察他保養得好不好，難道還有別的方法嗎？只要看他注重保養哪一部分而已。身體有重要部分和次要部分，有小的部分，也有大的部分。不要因為保養了小的部分而損害了大的部分，不要因為保養了次要部分而損害了重要部分。只保養小的部分的，是小人，能保養大的部分的，是君子。假如現在有個園藝師，他放棄培植梧桐、楸樹，卻去培植酸棗、荊棘，那他就是個很差的園藝師。如果有人只保養了自己一根手指卻不去保養肩背的，自己還不清醒，那他就是個糊塗的人。如果只講究吃喝的人（卻不顧善心的培養），人們都會鄙視他，是因為他保養了小的部分而喪失了大的部分。如果講究吃喝的人卻沒有丟棄善心的培養，那麼他的吃喝難道還只是為了保養一尺一寸的肌膚嗎？」

【點評】

在這章中，仍是在強調求其放心的重要性。

孟子在這章中以人的身體為比喻，來說明小和大、貴和賤的關係。只有認清了這些，才不會在無意中以小害大、以賤犯尊了。而是要「兼相愛」並且要做到恰如其分。

【案例】

羊祜的故事

生活當中，有些人會因為一些蠅頭小利，而把自己的人格尊嚴拋棄，這可謂是：「撿了芝麻，丟了西瓜。」只有那些心性完美的人，才不會做出這樣以小害大的事情。

羊祜出身於官宦世家，是東漢蔡邕的外孫，晉景帝司馬師的獻皇后的同母弟。但他為人清廉謙恭，毫無官宦人家奢侈驕橫的惡習。他年輕時就曾被薦舉為上計吏，州官四次徵辟他為從事、秀才，五府也請他做官，他都一一謝絕。有人把他比做孔子最喜歡的學生——謙恭好學的顏回。

曹爽專權時，曾任用他和王沈。王沈興高采烈地勸他一起去應命就職，羊祜卻淡淡地回答：「委身侍奉別人，那又談何容易！」後來曹爽被誅，王沈因為是他的屬官而免職。王沈對羊祜說：「我應該記住你以前說的話。」羊祜聽了，並不誇耀自己有先見之明，只是說：「這不是預先能想到的。」

晉武帝司馬炎稱帝後，因為羊祜有輔助之功，便被任命為中軍將軍，加官散騎常侍，封為郡公，食邑三千戶。但他堅持辭讓，於是由原爵晉升為侯，其間設置郎中令，備設九官之職。他對王佑、賈充、裴秀等前朝有名望的大臣，總是十分謙讓，不敢屬其上。

後來因為他都督荊州諸軍事等功勞，晉武帝司馬炎又把他加官到車騎將軍，地位與三公相同，但他上表堅決推辭，說：「我入仕才僅僅十幾年，就佔據顯要的位置，因此日日夜夜為自己的高位戰戰兢兢，把榮華當作憂患。我身為外戚，

事事都碰到好運，應該警戒受到過分的寵愛。但陛下屢屢降下詔書，給我過多的
榮耀，使我怎麼能承受？又怎麼能心安？現在有不少才德之士，如光祿大夫李憙
高風亮節，魯藝潔身寡欲，李胤清廉樸素，他們這些人都沒有獲得高位，而我則
無能無德，地位卻超過他們，這樣怎麼能平息天下人的怨憤呢？因此乞望皇上收
回成命！」但是皇帝沒有同意。

晉武帝咸寧三年，皇帝又封羊祜為南城侯，羊祜堅辭不受。羊祜每次晉升，
常常辭讓，而且態度懇切，因此名聲遠播，朝野人士都對他推崇備至，大家都認
為他應居宰相的高位。晉武帝當時正想兼併東吳，他就讓羊祜承擔了平定江南的
大任，所以此事被擱置下來。羊祜歷職兩朝，掌握機政大權，但他本人對於權勢

卻從不鑽營。他籌畫的良計妙策和議論過的稿子，用過以後全都焚毀，所以世人不知道其中的內容。凡是他所推薦晉升的人，他從不張揚，以致被推薦者也不知道是羊祜所薦舉的。有人認為羊祜過於縝密了，他卻說：「這是什麼話啊！古人的訓誡：入朝與君王促膝談心，出朝則佯稱不知——這我恐怕還沒做到呢！不能舉賢任能，有愧於知人之難啊！況且在朝廷簽署任命，官員到私門拜謝，這是我所不取的。」

羊祜平時清廉儉樸，衣被都用素布，得到的俸祿全拿來周濟族人。羊祜死後，他的外甥齊王司馬攸上表陳述羊祜妻不願按侯爵級別殯葬羊祜的想法時，晉武帝便下詔說：「羊祜一向謙讓，其志不可奪。身雖死，謙讓的美德卻仍然存在，遺操更加感人。這就是古代的伯夷、叔齊之所以被稱為賢人，季子之所以保全名節的原因啊！現在我允許恢復原來的封爵，用以表彰他的高尚美德。」

羊祜是成功的，上至一國之主，下至黎民百姓，都對他表示敬佩。羊祜的參佐們讚揚他德高而卑謙，位尊而謙恭。

羊祜正是不以榮華富貴這樣的小事，而損害他高風亮節這樣的大事。

第四十四篇　欲貴者，人之同心也

【原文】

孟子曰：「欲貴者，人之同心也。人人有貴於己者，弗思耳矣。人之所貴者，非良貴也。趙孟①之所貴，趙孟能賤之。《詩》云：『既醉以酒，既飽以德②。』言飽乎仁義也，所以不願人之膏粱之味③也；令聞廣譽④施於身，所以不願人之文繡⑤也。」

——選自《告子章句上》

【注釋】

①趙孟：即趙盾，字孟。春秋時晉國正卿，掌握晉國的實權，因而他的子孫後來也稱趙孟。

②既醉以酒，既飽以德：出自《詩經‧大雅‧既醉》。

③所以不願人之膏粱之味：願，羨慕；膏，肥肉；粱，細糧。

④令聞廣譽：令，美好；廣，宏大；聞、譽，名聲，名譽。

⑤文繡：華美的服飾。

【譯文】

孟子說：「希望得到尊貴，這是人們共同的心願。其實每個人都有可尊貴的

東西，只是不去想到它罷了。別人給予的尊貴，並不一定是真正的尊貴。趙孟所尊貴的，趙孟同時也能使它低賤。《詩經》上說：『酒已經喝醉了，而道德也已經飽和了。』這是說仁義滿足了，所以就不羨慕別人的美味佳餚、精米細肉了；自己有了美好的名聲和讚譽，所以也就不羨慕別人的錦繡衣裳了。」

【點評】

孟子指出人最尊貴的應該是「仁義」。

「人之所貴」是外人加於自身的，所以沒有永久性。而仁義則是本身所有的，人若是施行仁義，那麼大家都會去尊敬他，而這種尊敬則是永久性的。

【案例】

陶淵明不為五斗米折腰

每個人都想得到尊貴，有很多的人，以這個為目標，發憤圖強，努力的實現這個目標，這是我們所提倡的；但是也有的人，為了得到尊貴，而使用一些卑鄙的手段，這是我們所鄙夷的。

東晉後期有名的大詩人兼散文家陶淵明，是潯陽柴桑（今江西九江）人。陶淵明家裡世代為官，曾祖陶侃在東晉前期立了大功，曾管過八個州的軍事。可是到了他這一代，家境已經慢慢地衰落了。

陶淵明從小就很喜歡讀書，已有「濟世救民」的志向，又很仰慕曾祖陶侃，他心中也想創一番事業。可是由於家庭條件不好，一直沒有實現。到了二十九

歲,陶淵明才由別人推薦,陸陸續續做了幾任「參軍」之類的小官,也就是給大官做助手。陶淵明本性倔強,看不慣官場上那一套逢迎拍馬的作態,所以在仕途中輾轉了十三年後,漸漸地也就沒有了以前的那種熱情,最後決心棄官歸隱。

在陶淵明為官期間,有個他不為五斗米而折腰的故事一直被人們傳頌。那是他最後在做彭澤(今江西湖口)縣令的時候所發生的。他上任之後,陶淵明下令把其衙門的公田全都種上可以做酒用的糯稻,說:「我只要常常有酒喝就滿足了。」他的妻子覺得這樣做不對,吃飯的米總得要有啊,就堅決主張種粳米稻。兩人爭執的結果是陶淵明做出了讓步,兩百畝公田,用一百五十畝種了糯稻,五十畝種了粳米稻。

陶淵明本想等收成一次後,再做打算,卻沒想到剛過八十多天,郡派督郵來瞭解情況。縣衙內有一個老於世故的小吏,依據自己多年的經驗,深知這事不能馬虎,就勸陶淵明做好準備,穿戴整齊,恭恭敬敬地去迎接督郵。陶淵明早就厭

煩這種作態，於是就說：「我不願為了小小縣令的五斗米薪俸，而這樣低聲下氣的去向這些人獻殷勤。」他當即脫下官服，交出官印，走出衙門，回老家去了。就這樣，從四十一歲起，直到六十三歲去世，陶淵明再也沒有當過官。

陶淵明就是這樣，一生不逢迎權貴的高尚節操，一直保持不為五斗米折腰和高尚獨立自主人格。而他的這種人格正是他最尊貴的地方，以致後人時常效仿於他。

第四十五篇　做事要權衡輕重

【原文】

任①人有問屋廬子②曰：「禮與食孰重？」

曰：「禮重。」

「色與禮孰重？」

曰：「禮重。」

曰：「以禮食，則飢而死；不以禮食，則得食，必以禮乎？親迎③，則不得妻；不親迎，則得妻，必親迎乎？」

屋廬子不能對，明日之鄒④，以告孟子。

孟子曰：「於答是也何有？不揣⑤其本，而齊其末，方寸之木可使高於岑樓⑥。金重於羽者，豈謂一鉤金⑦與一輿羽之謂哉？取食之重者與禮之輕者而比之，奚翅⑧食重？取色之重者與禮之輕者而比之，奚翅色重？往應之曰：『紾⑨兄之臂而奪之食，則得食；不紾，則不得食，則將紾之乎？逾東家牆而摟其處子⑩，則得妻；不摟，則不得妻，則將摟之乎？』」

——選自《告子章句下》

【注釋】

①任：國名，今山東濟寧。

②屋廬子：姓屋廬，名連，孟子弟子。

③親迎：古代結婚六禮之一，新郎親自至女家，迎新娘入室，行交拜合巹之禮。自諸
　侯至於百姓都是如此。

④鄒：國名。

⑤揣：度量。

⑥岑樓：岑，小而高之山；岑樓，形容樓高如山。

⑦一鉤金：三錢重的金屬。一鉤，即三錢；金，金屬　，不是黃金。

⑧奚翅：奚，同「何」；翅：同「啻」，止。

⑨紾（ㄓㄣˇ）：扭轉。

⑩處子：未出嫁的女子。

【譯文】

任國有個人問屋廬子說：「禮和食物哪樣重要？」

屋廬子說：「禮重要。」

那人又問：「娶妻和禮哪樣重要？」

屋廬子回答說：「禮重要。」

那人又問：「按照禮去找食物吃，卻要餓死；不按禮去找食物吃，卻能夠得
到吃的，那麼也一定要按禮行事嗎？如果按親迎禮娶親，就娶不到妻子；不按親

迎禮，卻能夠娶到妻子，那麼也一定要行親迎禮嗎？」

屋廬子無法回答，第二天就到鄒國去，把問題告訴孟子。

孟子說：「回答這個問題，有什麼困難呢？不度量原來基礎的高低，只比較它們的頂端，那麼寸把長的木塊也能比高聳的高樓還要高。金子比羽毛重，難道是用很少的金子和一車子羽毛相比來說的嗎？拿吃飯這樣重要的問題和禮的細小方面相比，何止是吃飯重要？拿娶妻這樣重要的問題和禮的細小方面相比，何止是娶妻重要？你去這樣回答他：『扭住哥哥的胳膊奪他的飯吃，就能得到飯吃；不扭，就得不到飯吃，那麼是該扭他嗎？翻過東邊人家的牆頭，去摟抱那家的閨女，就能得到妻子；不去摟抱，就得不到妻子，那麼就該去摟抱嗎？』」

【點評】

本章是孟子討論平常的行為和例外的行為的問題。在這個問題中，禮法是我們平時日常行為的規範，但是要是遇到了特殊的時候，那我們就應該特殊對待了。

為人處世，要學會權衡輕重。孟子在此章中主要說的就是這個。

【案例】

趙國貪圖小利，喪失城池

生活當中，有一些人分不清事情的輕重緩急，拿到了就做，這樣，反而使得做事的效率降低了，同時又不看看對自己是有利還是有弊的。

戰國時期，秦國和趙國形成聯盟，他們約定一起攻打魏國，打敗魏國以後，就把魏國的鄴城（今河南省安陽市）割讓給趙國。

這個時候，兩面受敵的魏國是十分的恐慌。魏王召集了群臣商議對策，一時間，也拿不出什麼好辦法，最後，芒卯獻上一計。他對魏王說：「這件事不值得去憂慮的，秦、趙之間向來關係就不太好，現在他們之所以能聯合在一起，只不過是想瓜分我國的土地，擴大他們的領域。我們只要給趙國一點好處，他就會和秦國斷絕了聯合。」芒卯又詳談了施計的計畫，魏王連連點頭稱是。

接著，魏王派出使者張倚出使趙國，並對趙王說：「現在秦國聯合大王一起攻打我國，無非就是想得到鄴城。既然鄴城早晚都要失陷，為了避免戰爭，使百姓免受戰爭的苦難，魏王出於仁愛之心，決定不必交兵就把鄴城獻給大王，請大王接受。」

不用戰爭，便可得到鄴城，趙王心中大喜。他又問張倚：「若寡人接受了此禮，那魏王又有什麼期望呢？」張倚回答說：「魏、趙兩國關係一向很好；而魏、秦之間素有敵意。秦國乃虎狼之國，請大王權衡利弊，如果您想和魏國結好，那就請大王與秦國斷絕聯盟，然後便可得到鄴城。不然，魏國將不惜城毀人滅，與敵人戰鬥到底。」

當夜，趙王與群臣商議，決定接受鄴城，於是便宣佈與秦國斷交，並且關閉了和秦國的邊境通道。

趙國同時又派了一支部隊去接收鄴城。而守城的正是芒卯，他對趙將說：「我奉命守城，怎麼可能不動干戈就把城池交出來呢？既然是張倚把鄴城獻給趙王，那你就去找張倚要吧！」趙將無奈，只好退兵。

　　直到此時，趙王才知道上了魏國的當。而秦王也正因趙國毀交之事積極聯絡魏國，準備聯合魏國一起攻打趙國，這讓趙王終日惶惶不安。最後無奈，他又決定：甘願把五座趙國的城池割讓給魏國，以爭取能和魏國聯合，一起共同抗秦。

　　趙王的這種貪圖小利之心，最後卻是什麼都沒有得到，反而還失去了更多。這種事情也經常會發生在我們身上。這就要看我們對事物的瞭解程度了，凡事經過反覆的思考，權衡利弊之後，再採取行動，這樣出錯率就會大大的降低。

第四十六篇　從小事做起

【原文】

曹交^①問曰：「人皆可以為堯、舜，有諸？」

孟子曰：「然。」

「交聞文王十尺，湯九尺，今交九尺四寸以長，食粟而已，如何則可？」

曰：「奚有於是？亦為之而已矣。有人於此，力不能勝一匹雛^②，則為無力人矣；今曰舉百鈞，則為有力人矣。然則舉烏獲^③之任，是亦為烏獲而已矣。夫人豈以不勝為患哉？弗為耳。徐行後長者謂之弟，疾行先長者謂之不弟。夫徐行者，豈人所不能哉？所不為也。堯舜之道，孝弟而已矣。子服堯之服，誦堯之言，行堯之行，是堯而已矣。子服桀之服，誦桀之言，行桀之行，是桀而已矣。」

曰：「交得見於鄒君，可以假館，願留而受業於門。」

曰：「夫道若大路然，豈難知哉？人病不求耳。子歸而求之，有餘師。」

　　　　　　　　　　　　　　　——選自《告子章句下》

①曹交：人名，生平不詳。

②一匹雛：一隻小雞，雛，小雞。

③烏獲：人名，傳說是古代的一個大力士。

【譯文】

曹交問孟子道：「人人都可以成為堯、舜，有這樣的說法嗎？」

孟子說：「是的。」

曹交又問：「我聽說文王身長十尺，湯身長九尺，而我也有九尺四寸多高，卻只知道吃飯而已，要怎樣才可以成為文王和湯王那樣呢？」

孟子說：「這有什麼難的呢？只要你去做就可以了。如果有個人，連提隻小雞的力氣都沒有，那他就是個沒有力氣的人了；如果有個人說能舉起三千斤的東西，那他就是個很有力氣的人了。既然這樣，那麼只要能舉起烏獲舉過的重量，這樣也就成為烏獲了。一個人所擔心的，難道在於不能勝任嗎？而是在於不去做而已。慢慢地跟在長者後面走，叫做悌，快步搶在長者前面走，叫做不悌。慢慢走，難道這是一個人所不能做到的嗎？只是不去做罷了。堯、舜之道，不也就是孝和悌而已。如果你穿堯所穿的衣服，說堯所說的話，做堯所做的事，這樣也就成為堯了。如果你穿桀所穿的衣服，說桀所說的話，做桀所做的事，這樣就變成桀了。」

曹交說：「我要去見鄒君，向他借個住處，願意留下來在您門下學習。」

孟子說：「道就像大路一樣，這並不是很難瞭解的？就怕人們不去尋求罷了。你回去尋求吧！會有很多老師的。」

【點評】

「人皆可以為堯、舜」，這可以說是本章的中心了。

孟子在這章中把堯舜之道說的極其簡單：「堯舜之道，孝弟而已矣。」而什麼是孝弟呢？孟子說：「徐行後長者謂之弟，疾行先長者謂之不弟。」

道德的實踐，可以從小事做起，這樣也可以成為一個聖人，主要是看你是否能一直堅持下去。做一件好事容易，但是要做一輩子好事，那就不是很容易了，所以凡事都貴在堅持。

【案例】

孔子求學

有的人喜歡好高騖遠，把自己的願望訂得很高，總是實現不了，而有的人，則是腳踏實地，一步一步地朝著自己的目標前進。只有從小事做起，才能成就一番大的事業。

孔子平時就非常重視道德修養和力行踐履：他十五歲有志於學；三十歲有了對仁的認識和堅守仁的信心；四十歲才知道了仁的豐富內容，對此深信不疑；五十歲深刻認識了自然、社會發展的趨勢；六十歲能隨時辨別事物是否符合仁的原則；七十歲則達到隨心所欲而不超越規矩的境界。孔子由於終生勤奮學習，奮

鬥不息，這讓他最終成為儒家思想的創始人，著名的思想家。

　　孔子在年輕的時候，就已經是很有名氣的學者了，但是他總覺得自己的知識還不夠淵博，便決心拜訪老師，繼續學習。那時他都已經三十歲了。他聽說洛陽有一個大思想家、道家的創始人老子，知識非常淵博，於是準備前往拜他為師。曲阜至洛陽相距上千里，但孔子並不怕路途遙遠，餐風露宿，日夜兼程。幾個月後，孔子終於到了洛陽界內。

　　孔子剛到洛陽城外，便看到了一輛馬車，許多的書在馬車上放著，車旁站著一位七十多歲的老人，頭髮、鬍子全白了，穿著長袍，拄著枴杖，站在路邊朝他這裡張望。孔子想，這位老人擁有這麼多的書，一定很有學問，大概就是我要拜訪的老師老子吧！於是上前行禮問道：「請問老人家，您是老聃先生吧？」「你是？」老人見一個風塵僕僕的外地年輕人一眼就認出了自己，心裡有些納悶。孔子連忙說：「學生孔丘，特來拜見老師，請您收下我這個學生

吧！」老子聽後很高興地說：「你就是孔丘啊！聽說你要來找我，我每天都到此等候。可是我有一點不明白，研究學問我和你兩人相差無幾，可是為什麼你還要拜我為師呢？」

孔子聽了再次行禮，說：「多謝老師迎候。因為老師您的學問很深，跟您學習，一定會有長進。再說，越是研究學問，越應學習更多的知識。」

從此以後，孔子每天不離老師左右，隨時請教。老子也把自己的知識毫無保留地傳授給他。

學習結束後，辭行時，孔子懇請老師給予臨別的教誨。老子拉著他的手，意味深長地說：「有學問不淺露於外表，講道德不分貧貴，你就是這樣一位品德高尚的人。你對我的尊敬，令我感動。」

孔子聽了老子的話，連忙行禮，拜別老師回到故鄉。後來人們都稱讚孔子的學問，也敬重他的品行。

孔子的學生有三千多人，而各個方面都很突出的就有七十多人。孔子就是從小事開始，一步一步認真的去做，最後才有了這樣的成就。

第四十七篇　生於憂患，死於安樂

　　孟子曰：「舜發於畎畝之中，傅說舉於版築之間①，膠鬲②舉於魚鹽之中，管夷吾舉於士③，孫叔敖舉於海④，百里奚舉於市。故天將降大任於是人也，必先苦其心志，勞其筋骨，餓其體膚，空乏其身，行拂亂其所為，所以動心忍性⑤，曾⑥益其所不能。人恆過，然後能改；困於心，衡⑦於慮，而後作；征於色，發於聲⑧，而後喻。入則無法家拂⑨士，出則無敵國外患者，國恆亡。然後知生於憂患而死於安樂也。」

——選自《告子章句下》

【注釋】

①傅說（ㄩㄝˋ）：傅說是商朝一位賢人，因罪服刑，在傅險築牆；後被商王武丁訪求到而提拔為相。版築：古代築牆的方法，用兩版相夾，填入泥土，用杵搗實，拆版後即成土牆。

②膠鬲：傳説是商紂王的臣。

③管夷吾：即管仲。原是齊國公子糾的家臣，糾與公子小白（即後來的齊桓公）爭奪君位，失敗後逃至魯國而遭殺；管仲也被魯人囚禁押回齊國。後由鮑叔牙推薦，被齊桓公提拔為相。

④孫叔敖：楚國隱士，後被楚莊王提拔為令尹（宰相）。

⑤忍性：堅忍其性。

⑥曾：同「增」。

⑦衡：橫。

⑧發於聲：抒發於語言中。

⑨拂（ㄅㄧˋ）：通「弼」，輔佐。

【譯文】

孟子說：「舜是在田野中興起來的，傅說是從築牆的苦役中被提拔出來的，膠鬲是從魚鹽工作中被提拔出來的，管夷吾是從獄官手中被提拔出來的，孫叔敖是從海邊的隱居生活中被提拔出來的，百里奚是從買賣的場所裡被提拔出來的。所以上天要把重大的任務交給某個人時，必定要先使他的心志受到鍛鍊，使他的筋骨受到勞累，使他的肌體受到飢餓，使他的身子受到困乏，使他每做一件事都受到干擾而被打亂，以此來激勵他的心志，堅韌他的性情，增加他所缺少的才能。一個人時常有錯誤，然後才能去改正；心志遭困惑，思慮被阻塞，然後才能發憤有為；表露在臉色上，抒發在言語中，才能使人瞭解。一個國家，國內沒有執法的大臣和輔弼君主的賢能之士，國外沒有與之抗衡的國家和外患的威脅，這樣國家常常會滅亡。由此可見，在有憂患的環境裡可以使人生存，而在安逸快樂的環境裡可以讓人死亡的道理了。」

【點評】

「生於憂患，死於安樂」，這是千古不變的道理。

從古至今，凡是能成大事的人，都要經過艱苦的奮鬥，磨練其心志，勤勞其

體膚，堅韌其意志，克制其欲望。而這一切都只能從現實生活中磨礪出來。不但個人如此，國家也是一樣的。

【案例】

越王勾踐臥薪嚐膽

一個人要是生活在安逸的環境當中，那他慢慢的就會失去警覺，就像把老虎關進籠子，天天給牠食物，餵養牠。幾年之後，老虎慢慢的就會失去了捕食能力。而要是把牠放在一個弱肉強食的地方，那牠就會成為那裡的霸主。

勾踐是春秋時期越國的國君，西元前497年～前465年在位。當時吳國、越國是春秋中期在長江下游逐步崛起的兩個諸侯國。春秋中期，晉、楚爭霸，晉國聯合吳國攻擊楚國，而楚國則聯合越國攻擊吳國，進而造成吳越兩國長期對立的局面。

周敬王二十四年（西元前496年），吳王闔閭派兵攻打越國，結果兵敗受傷而死。兩年後，勾踐拒絕了謀臣范蠡的勸告，在敵強我弱的形勢下，冒然出兵，攻打吳國。結果吳王夫差為了替父親報仇雪恨，而大敗越軍。

勾踐帶著殘兵敗將五千人逃回了會稽山，被吳軍團團包圍。勾踐無奈，只有接受范蠡、文種的計謀，派人暗暗把美女、珍寶送給貪財好色的吳國大臣太宰伯嚭，太宰伯嚭接受了賄賂並答應在吳王面前替他說話。就這樣，吳王沒有聽伍子胥的勸告，反而相信了太宰伯嚭的胡言亂語，答應了越國投降，把軍隊撤回吳國。

吳王撤兵後，勾踐帶著妻子和范蠡來到吳國，伺候吳王，從事勞役，履行降吳所接受的屈辱條件，受盡了各種屈辱，再加上太宰伯嚭的從中幫助，最終贏得了夫差的信任。三年後，勾踐被釋放回到越國。

勾踐回國後，立志奮發圖強，振興越國。早在幾年前被圍困在會稽時，他就曾絕望過，以為自己會死在這裡，是文種勸告說：「從前商湯被囚禁在夏台，晉國的重耳逃亡到翟國，齊國的小白逃難到莒國，但是他們最終都能稱王稱霸。這樣看來，說不定目前的困境正是君王的福分呢？」

勾踐時刻牢記文種的話，時時不忘復興越國的大志。他身穿粗布衣，不吃肉食，親自耕田種地，晚上睡在稻草堆上。他又把苦膽懸掛起來，坐著、躺著都能仰望著苦膽，每次吃飯前也都要嚐嚐苦膽，並自言自語地告誡自己說：「你忘記了在吳國的恥辱嗎？」勾踐一邊不斷激勵自己，一邊又任用賢才，發展生產，獎勵生育，薄取賦斂，加強軍隊訓練。這一系列有效措施，保證了越國的復興。譬如在獎勵生育上，規定凡男子滿二十歲、女子滿十七歲不結婚的，就處罰他們的父母；家裡有兩個兒子的，國家養活一個；家裡有三個兒子的，國家養活兩個；在發展生產上，國家鼓勵種田織布，而勾踐也和百姓一起勞動。國家經常救濟窮困和受災的人家；遇到喪事的人家，國王就派人前去慰問。勾踐還禮賢下士，優厚熱情地接待賓客。經過「十年生聚，十年教訓」的勵精圖治和艱苦奮鬥，越國由弱變強，兵精糧足。

此時，吳王夫差卻過著驕奢淫逸的生活，而吳國的政治也在逐漸腐敗。越國用重金買通了吳國的太宰伯嚭，讓他在吳王面前多講越國的好話。同時又採用文種的計謀，由范蠡進獻兩名越國的美女西施和鄭旦給淫樂好色的吳王。吳王為西施的美貌所吸引，花費大量人力、物力建造姑蘇台，與西施在上面終日飲酒作

樂，不理朝政。吳國大將伍子胥曾多次勸告，但都被吳王拒絕，他甚至還聽信了太宰伯嚭的讒言，逼迫伍子胥自殺。

周敬王三十八年（西元前482年），越國趁吳王北上參加黃池之會的機會，出動精兵襲擊了兵勇在外、國內空虛的吳國，打敗吳兵，攻下了姑蘇，並且殺死了吳國太子。周元王三年（西元前473年），勾踐又一次親率軍隊進攻吳國。這時候的吳國由於連年用兵和政治黑暗，已經陷入民窮財盡、軍力衰弱的境地。吳國的軍隊再一次的被越國的軍隊打敗，吳王夫差被包圍在姑蘇山上。勾踐接受了范蠡的忠告，汲取了過去吳國沒有趁機滅亡越國的教訓，拒絕了吳王提出求和的要求。吳王最終感到絕望，自殺而死，吳國被越國滅亡。同時又拒絕了伯嚭的投降，越王勾踐還以「不忠其君，而外受重賂，與己比周」的罪名誅殺了貪賄賣國的伯嚭。

勾踐曾被夫差打敗，屈辱求和。但是隨後他能發憤圖強，勤政為民，任用賢才，十年生聚，十年教訓，最終使得越國強大起來把吳國消滅掉，並在徐州大會諸侯，成為新的霸主。

吳王夫差就是在安逸的環境中，貪圖享樂，失去了警覺的觀念，才讓越王勾踐有了機會；而越王勾踐則是在憂患環境當中，他必須要讓越國強大起來，經過了「十年生聚，十年教訓」，越國在越王勾踐勵精圖治、厲兵秣馬之後，一舉消滅了吳國。

第四十八篇　盡其心者，知其性也

【原文】

孟子曰：「盡其心者，知其性也。知其性，則知天矣。存其心，養其性，所以事天也。夭壽不貳①，修身以俟之，所以立命也。」

——選自《盡心章句上》

【注釋】

①夭壽不貳：夭，夭折，短命；壽，長壽；貳，不專一。

【譯文】

孟子說：「能夠用盡自己的善心，就可以覺悟到自己的本性。覺悟到了自己的本性，就可以知道天道是什麼了。保存了人的善心，培養了人的本性，這就是遵循天道了。不論壽命是長是短，都能一樣去對待，都不改變其態度，只是修身養性以等待天命的安排，這就是安身立命的正確方法。」

【點評】

本章篇幅雖然比較短，但是含意卻是非常的豐富。主要突出了：「盡心、知性、知天、存心、養性、事天、修身、立命。」這是在孟子思想中極為重要的八

個概念。

　　人們只有透過覺悟到自己的本性，並且保存了人的善心，培養了人的本性，這樣才可以遵循天道。而這也就是安身立命的正確方法。

【案例】

生不帶來，死不帶去

　　修心養性是很多應遵循的天道之一，它能使得我們淡泊名利，而正確地樹立起人生觀。

　　在現實的社會當中，每個人每一天都百般的忙碌，不是為了自己而忙，就是為了別人而忙，卻很少想到要修心養性，要為自己的心來忙。

　　古時候，有一位大富翁，他娶了四個夫人：大夫人年老色衰，最不受大富翁的喜愛；二夫人擅長理家，平時操持家務，當初在窮困的時候，富翁很喜歡她，但是到了富貴時就漸漸忘記；三夫人年輕又有魅力，使得富翁相會歡喜，別離憂愁；最心愛的則是四夫人，她年輕貌美，與富翁終日恩恩愛愛，從不離開。

　　有一天，大富翁身染重病，就快要死了，他想到自己有萬貫家財，而且妻妾、兒女又這麼多，如果就這麼一個人寂寞的死去，實在有點不甘心。於是在臨終前，他對他最心愛的四夫人說：「四夫人！我平常待妳最好，時刻也不能和妳離開，妳願意陪我一起死嗎？」

　　四夫人一聽，花容失色，大驚道：「你怎麼能這麼想？你的年紀已經大了，死是當然的，我年紀還這麼輕，怎麼能夠去死呢？你對三夫人也不錯，何不叫三

夫人陪你去？」

大富翁聽後，無可奈何，只得把三夫人請來，又和她說了一遍，三夫人一聽，嚇得兩腿直發抖，連忙說：「我還年輕貌美，你要是去世了，我還可以再嫁他人，你何不叫二夫人陪你一起死呢？」

大富翁聽後，很失望，只好把二夫人找來，又和她說了一遍，二夫人一聽，連忙搖手說：「不行！不行！我怎能陪你死呢？這個家平日都是我在操持家務，我死了，這個家由誰來管理呢？況且你去世以後，我還要替你舉行喪禮。為了我們夫妻之間的感情，我會送你一程到墓地，但是我不能夠和你一起死。你還是去找大夫人吧！」

大富翁沒有辦法，只得把他平時已經冷落的大夫人叫到床前，對大夫人說道：「大夫人！我真是對不起妳，我過去對妳太冷落了。我現在要一個人死去了，在黃泉路上一個伴也沒有，妳願意隨我一起死嗎？」

大夫人聽後，非但沒有驚慌，反而很鄭重的回答說：「嫁夫隨夫，現在夫君要去世了，做妻子的我，怎麼還好活著，不如就跟你一起死去比較好。」

大富翁一聽，感嘆地說道：「唉！過去我都不知道妳對我這麼忠心，把妳給冷落了。我對四夫人、三夫人愛護得比自己的性命還重要，而二夫人我待她也不錯，但是當我要死的時候，她們卻如此狠心的離開我，不肯陪我死，到今天才知道她們是忘恩負義的人。想不到我沒有重視妳，一直冷落妳，妳倒反而願意和我一起去死。唉！我實在是太辜負妳了，為什麼我不能早點發現，讓我可以對妳好呢？」

　　在這個故事當中，大富翁最喜愛的四夫人就是指我們的身體，平常我們為了自己的這個身體，給它種種的愛護和照顧，但是，到了我們自己死了以後，這個身體就不再是我們的了；而要改嫁的三夫人指的就是財富。平常我們也是多方累積財富，不肯隨便亂花，但是當我們死去的時候，再多的財富也帶不去，最終還是要讓給別人；而要照顧家庭的二夫人就是指那些親朋好友，親朋好友的生命都好好的，又怎麼會陪你一起去死呢？所以，當人去世時，他們最多在送葬的行列中送你走一程；從未獲重視的大夫人則是我們的心，我們平常從不知道照顧自己的心，可是，當人死了之後，能帶走的，只有我們的心而已。

　　修心養性，就是要把我們失去的品德慢慢的找回來。只有這樣才能遵循天道，才是安身立命的正確方法。

第四十九篇　掘井九軔而不及泉

【原文】

孟子曰：「有為者辟若掘井，掘井九軔①而不及泉，猶為棄井也。」

——選自《盡心章句上》

【注釋】

①軔（ㄖㄣˋ）：同「仞」。古代七尺（或説八尺）為一仞。

【譯文】

孟子說：「做事就像打井，已經挖了六、七丈深還沒見到泉水，（如果不繼續挖）仍然是口廢井。」

【點評】

孟子在這章中告訴我們，做事要有始有終，絕不能半路而廢。

我們不論是做事還是求學，都要堅持下去，如果一旦遇到困難就半途而廢，那樣終究會一事無成。

【案例】

耿弇的堅持

有的時候，當我們去做一件事情的時候，會有很多的因素，讓我們半途而廢，而做不好那件事情，其實只要我們能堅持下去，好的局面還是會向我們招手的。

劉秀稱帝後，緊接著漁陽（今河北）太守彭寵、涿郡太守張豐、東萊（今山東）太守張步也都各自稱王，這對剛剛建立的東漢政權構成了很大的威脅。

這時劉秀身邊的建威將軍耿弇對劉秀說：「臣的父親耿況現在在上谷（今屬河北），兵強馬壯，實力雄厚。臣想前去調集軍隊，先平彭寵，再破張豐、張步，剷除這些禍患！」

劉秀被耿弇的雄心壯志所感動，經過再三考慮，最後同意了他的請求。

耿弇首先把矛頭指向漁陽的彭寵，但是在行軍途中，他發現張豐力量較弱，於是決定先消滅張豐。在朱祐、王常兩位將軍的支援下，耿弇連戰連勝，一直打到張豐的老家涿郡，攻破城池後，活捉了張豐，隨後就把他給處決了。

彭寵和張豐是一起互相勾結、狼狽為奸的。現在張豐一死，他就獨木難支了，耿弇又趁勝前進，他率領軍隊長驅直入，彭寵在眾叛親離的情況下，企圖棄城逃命，卻被自己的家奴殺死。

在平定了張豐、彭寵後，耿弇於是揮師東下，渡過波濤洶湧的黃河，直接前往攻打東萊的張步。

張步的勢力要比張豐、彭寵強大很多。他派大將軍費邑在歷下（今濟南西）以重兵防守，又在泰山一帶築起營壘，準備與耿弇決一死戰。耿弇在熟悉費邑的佈兵情況後，覺得硬攻是難以取勝的，於是決定採取調虎離山之計，揮師東進，攻打巨里城。

費邑知道後，慌忙率領三萬精兵前去救巨里，然而令費邑沒有想到的是，耿弇只有三千士兵在佯裝攻城，而大部分將士都埋伏在巨里城外的山嶺中，只等著他自投羅網。

當費邑的軍隊進入耿弇的伏擊圈後，耿弇的軍隊衝殺出去，費邑的軍隊全軍覆沒，他也被亂軍殺死。耿弇趁勢攻破濟南，逼近張步的根據地劇縣。

隨後張步孤注一擲，將二十萬大軍全部投入戰鬥。因此，戰鬥剛開始就空前的激烈、殘酷。在激戰中，耿弇身先士卒，左衝右突，帶領著隊伍往前衝。突然，一箭飛來，正射中耿弇的大腿，頓時血流如注。耿弇為了不影響士氣，他咬

緊牙關，用刀砍斷箭杆後，繼續領兵作戰，一直作戰到天黑下來，雙方都鳴金收兵後，身邊的將士才發現他早已負傷。

這時，劉秀已率軍隊進入山東，準備親自增援耿弇。耿弇對將士們說：「皇上駕到，我們應該以戰鬥的勝利來迎接他，又怎麼能讓皇上冒著危險，親自上戰場呢？」全軍將士都受到鼓舞，第二天的激戰從清晨開始，一直殺到傍晚，耿弇所率領的士兵，個個都奮勇殺敵，使得張步損失慘重，最後被迫遣逃，從此一蹶不振。

在慶功宴上，劉秀感慨地對耿弇說：「將軍身經百戰，所向無敵，即使是當年的韓信見了也會嘆服。想當初，你向我請求平叛的重任時，我還憂心忡忡，現在看到你勝利的成果，這真是有志者事竟成啊！」

耿弇的成功在於他沒有半途而廢，要是他在受傷之後，就離開了戰場，那勢必會導致他的軍隊士氣減弱，而給了張步機會。那樣的話，這場戰鬥就有可能是耿弇失敗了，而不是現在的勝利。

第五十篇　盡信書，則不如無書

【原文】

孟子曰：「盡信《書》^①，則不如無《書》。吾於《武成》^②，取二三策^③而已矣。仁人無敵於天下，以至仁伐至不仁，而何其血之流杵^④也？」

——選自《盡心章句下》

【注釋】

①《書》：指《尚書》。

②《武成》：《尚書》中的篇名，為周武王伐紂的故事。

③策：竹簡，古時用竹簡寫書。

④杵（ㄔㄨˇ）：圓木棒，古代用來搗米或捶衣服用的。

【譯文】

孟子說：「如果人們完全相信《書》上所說的，那還不如沒有《書》的好。我看《武成》這篇時，只取其中兩、三頁而已。仁愛之人是無敵於天下的，以最仁愛的人就如周武王一樣去討伐那最不仁愛的人就如商紂一樣，又怎麼會血流成河而把杵都漂起來呢？」

【點評】

　　一個人要是完全相信書上的東西，甚至完全按照書上所說的行事，這種行為是不可取的。因為書是死的，而事物卻是不斷的在翻新變化，書裡的知識必須是在社會的實踐當中得到總結。而且書又是人寫的，只要是人寫的那就存在著寫書人的個人主觀意向，以及個人對事物形態的理解。

　　書只是做為知識面的一個載體，其內容千變萬化。如果不對其進行分辨，而一味盲從的相信，那樣我們就會因為缺少思考而脫離了現實。所以我們應該先對書中所說的進行思考，而後再做出判斷是否行得通，只有在這樣的情況下，我們才能做出最正確的選擇，而不至於讓我們犯錯。這也就是孟子所說的「盡信書，則不如無書」的道理了。

【案例】

朱熹疑書

　　有時候，我們做事的時候，會去借鏡前輩們的做法，這種做法是正確的。但是有的人借鏡以後，不管是不是合用或者是有錯誤的，他都照搬不誤，這就不對了，要知道前輩們也有可能出錯的。

　　南宋時期的朱熹是中國的一個大思想家、理學家。

　　朱熹從小就聰穎好學，愛好思考，廣泛地學習各種知識，這為他後來成為一位著名的思想家和理學家奠定了基礎。

朱熹在學習歷史時，主張一定要獨立思考，不能完全相信書上所說的。他認為，對於那些明顯的不合情理的歷史記載要勇於懷疑，這是因為古人有時也會把傳聞當作真實的歷史。朱熹一直對漢朝的大歷史學家司馬遷很佩服，他說：「司馬遷才能高，見解也高。」但是他對《史記》裡的某些記載卻還是有些懷疑。例如《史記》中記載：戰國末期，秦軍在長平坑殺了趙軍四十萬，朱熹認為這是很值得懷疑的，這裡肯定有什麼漏洞之處。他說：「長平坑殺四十萬人，這是司馬遷有些太誇張了，不可信。朱熹認為，趙國打了敗仗是肯定的，但是趙國兵將都是身經百戰的戰士。難道四十萬大軍都肯去受死嗎？這種記載是值得令人去懷疑的。」又如史書上記載唐太宗李世民殺了哥哥李建成、弟弟李元吉之後，他的父親李淵目睹慘禍之後，卻還是心安理得地去泛舟作樂的情趣，朱熹認為這也是不可信的，他說：「兄弟相殺，這是一件多麼殘酷的事情啊！當父親的又怎麼可能會安然無事呢？這其中一定也有不可相信的地方。」

朱熹的這種獨立思考，不完全相信古人的精神，對一位歷史學家來說是難能可貴的。

孟子說「盡信書，則不如無書」，說的不就是這樣的道理嗎？因為書上的東西也有可能會有很多的錯誤，如果只是一味的相信，不加以辨別，那樣到最後終會害人害己。

第五十一篇 用仁義代替戰爭

【原文】

孟子曰：「有人曰，『我善為陳①，我善為戰。』大罪也。國君好仁，天下無敵焉。南面而征，北狄②怨；東面而征，西夷怨，曰：『奚為後我？』武王之伐殷也，革車三百兩③，虎賁④三千人。王曰：『無畏！寧⑤爾也，非敵⑥百姓也。』若崩厥角⑦稽首。征之為言正也，各欲正己也，焉用戰？」

——選自《盡心章句下》

【注釋】

①陳：今作「陣」。

②狄：夷。

③兩：同「輛」。

④虎賁：勇士。

⑤寧：安慰、安定。

⑥敵：為敵。

⑦厥角：頓首之意。厥同「蹶」，頓的意思。角，為額角。

【譯文】

孟子說：「有的人說，『我善於佈陣，我善於作戰。』這種罪惡是很大的。國君如果是愛好仁德的，那他就會天下無敵。征伐南方的時候，北方的百姓就會怨恨；而征伐東方的時候，西方的百姓又會怨恨。他們都說：『為什麼要把我們放在後面？』周武王討伐殷商的時候，有兵車三百輛、勇士三千人。周武王向殷商的百姓們說：『不要害怕，我們是來讓你們過上安定的日子，而不是與百姓為敵的。』殷商的百姓聽到後，都跪倒叩頭，其聲音如山崩一般。『征』的意思就是『正』。如果各國都能端正自己的行為，那又何必還要戰爭呢？」

【點評】

武力是解決不了一切的問題的，如果君王要是迷信於武力，而不以仁政去平治天下的話，那麼這個國家必定不會長久。

為什麼會說「仁者無敵」呢？這是因為「仁者」永遠是站在正義這邊的。只有站在正義這邊，百姓才會去擁戴。只有站在正義這邊，才表示是正義之師，師出有名，戰之有理。

世界上要是每個人都懷有仁義之心，那麼這個世界上是不會爆發戰爭的。

【案例】

周武王伐商紂王

兵不血刃的奪得城市，在古代就有了，這其中最有名的應該是周武王伐商紂

王了，周武王僅僅是用自己的仁義，就讓商紂王的軍隊反戈一擊。

西元前1027年（一說西元前1057年）正月，周武王認為是去征伐商紂王的時候了，於是便率兵東進伐商。

同月下旬，周朝的軍隊進抵孟津，在那裡與反商的庸、盧、彭、濮等諸侯國的部隊會合。周武王利用商地人心歸周的有利形勢，由孟津迅速東進。從汜地渡過黃河後，兼程北上，至百泉折而東行，直指朝歌。周朝的軍隊沿途都沒有遇到商朝軍隊的抵抗，行進的十分順利，僅僅只經過了六天的行程，便抵達了牧野。

周朝的軍隊進攻的消息傳至朝歌，商朝廷上下一片恐慌。商紂王無奈之下只好倉促部署防禦，但此時商朝軍隊的主力還遠在東南地區，根本來不及立即調回。於是紂王只好帶領大批奴隸，連同守衛國都的商朝軍隊共約17萬人左右，由自己率領，開赴牧野迎戰周朝的軍隊。

武王在陣前聲討紂王聽信寵姬讒言，不祭祀祖宗，招誘四方的罪人和逃亡的奴隸，暴虐地殘害百姓等諸多罪行，激發起從征將士的士氣，接著，武王又鄭重宣佈了作戰中的行動要求和軍事紀律：每前進六、七步，就要停止取齊，以保持隊形；每擊刺四、五次或六、七次，也要停止取齊，以穩住陣腳。他還申明不准殺害投降的人。之後，軍隊向商朝的軍隊發起總攻擊。他先讓呂尚率領一部分精銳的部隊向商朝的軍隊挑戰，以牽制迷惑於敵人，並打亂其陣腳。而此時，商朝軍隊中的奴隸和戰俘都心向武王，不願意為商紂王賣命，這時便紛紛倒戈，幫助周朝的軍隊作戰。武王趁勢以主力部隊，猛烈衝殺敵軍。於是商軍十幾萬之眾頃刻間土崩瓦解。

商紂王見大勢盡去，倉惶逃回朝歌，登上鹿台自焚而死。周軍趁勝攻擊，攻

佔朝歌，消滅商朝。

在這次戰役中，如果周武王所率領的不是一支「仁義之師」的話，那他勢必會被商紂王的軍隊給抵擋住，進而為商紂王把主力部隊調回來爭取到時間。如果要是那樣的話，周朝能不能滅掉商朝就是個未知數了。但是「多行不義，必自斃」。商紂王如此的殘暴，所以商朝的滅亡也是註定的。

第五十二篇　己身不正，焉能正人

【原文】

　　孟子曰：「身不行道，不行於妻子；使人不以道，不能行於妻子。」

　　　　　　　　　　　　　　　　　　　　——選自《盡心章句下》

【譯文】

　　孟子說：「如果連本人自己都不依道而行的話，那麼道在他的妻子以及兒女身上也是行不通的；如果差使別人卻又不合道義，那樣就會連自己的妻子以及兒女也會使喚不了的。」

【點評】

　　一個人如果連自己的言行舉止都不能做好，那麼他又有什麼資格去要求別人呢？所謂的「修身、齊家、治國、平天下」也是從最基本的「修身」開始的，「修身」也就是用道德觀念來約束自己平時的言行舉止，陶冶情操；進而在家裡起到一個帶頭模範的作用，這樣家裡的各個成員之間才會和睦；每個家庭都和睦安康，這樣這個國家才會繁榮富強。只有國家繁榮富強了，那麼別的國家就會歸順，平天下也就不費吹灰之力了。

　　以身作則，身體力行，才可以使道發揚光大。正所謂是：己身不正，焉能正

人。而此章講的正是從政者以身作則的問題。從政者不能因為自己有權有勢就要求別人做這做那，而是應該好好的修身養性，依道而行，這樣才能起到上行下效的作用。正如孔子所說的：「其身正，不令而行。其身不正，雖令不從。」

【案例】

徐達的為人處事

有的時候，很多人自己都不是很懂，但是又喜歡吆喝別人這樣、那樣的去做，最後搞得大家都非常的討厭他。一個人要是連自己都做不好，那他又有什麼資格去要求別人呢？

明朝時期的「指揮皆上將，談笑半儒生」的徐達，兒時曾與朱元璋一起放過牛。後來隨朱元璋一起參加了農民起義軍，在其戎馬一生中，他有勇有謀，用兵如神，為明朝的創建立下赫赫戰功，是中國歷史上著名的謀將帥才，深得朱元璋的器重。

徐達同時也深諳為人處世之道，不論他做了多大貢獻，他從不邀功，也不請賞，只把自己看做是平常人一樣。因為他知道，不管他的官做的有多大，也不管他自己有多大的本領，在朱元璋面前都要夾著尾巴做人，這樣他才會得以善終，若他要是如同韓信一般，居功自傲，不知收斂，朱元璋也不會如此放心，說不定會和劉邦一樣將他除之而後快。

徐達每次掛帥出征，回來後就立即將帥印交還，回到家裡過著極為儉樸的生活。朱元璋為了獎勵徐達，想將自己的舊邸賜給他。可是徐達死也不肯接受，萬般無奈下的朱元璋只好請徐達到舊邸飲酒，然後將其灌醉，親自將其抬到床上睡

下，並且還為他蓋上被子。徐達半夜酒醒，當知道自己睡的是什麼地方後，連忙跳下床，俯在地上自呼死罪。朱元璋見其如此謙恭，心裡十分高興，於是便命人在此舊邸前修建一所宅第，門前立一牌坊，並親書「大功」二字，賜給徐達。

徐達功高而不驕，還體現在他虛心好學、嚴以律己上。放牛出身的徐達，少年的時候沒有讀書機會，但是他十分好學，又能虛心求教，每次出征都攜帶著大量的書籍，一有時間便仔細研讀，掌握了淵博的軍事知識。因此每每臨陣指揮，莫不料敵如神，進退自如，且每戰必勝，令人心悅誠服。

西元1358年，徐達病逝於南京，朱元璋為之輟朝，悲慟不已，追封他為中山王，並將其肖像陳列於功臣廟第一位，稱之為「開國功臣第一」。

徐達完滿的一生，與他平時的謹慎處事、不居功自傲有很大的關係。若是他以大功臣的身分，對這個、那個頤指氣使的，朱元璋早就會用計將他除去了。

第五十三篇　未雨而綢繆

【原文】

孟子曰：「周①於利者，凶年②不能殺③，周於德者邪世④不能亂。」

——選自《盡心章句下》

【注釋】

①周：充足。

②凶年：缺少收成的年份。

③殺：缺乏，有窘困的意思。

④邪世：亂世。

【譯文】

孟子說：「財物富足的人，就是遇上了荒年也不能使他困窘；而道德高尚的人，就是身處亂世也不會改變原來的志向。」

【點評】

「冰凍三尺，非一日之寒。」有很多事情都是在平時慢慢的累積下來的，這樣才不會到了要用到的時候覺得少了。

273

　　做任何事情，事先都要好好的準備，以防萬一。「勿臨渴而掘井，宜未雨而綢繆」，說的就是這個道理，只有靠平時不斷累積，才能做到用時的不匱乏。

　　財富是每個人都想得到的東西，只有當我們一點一點的累積時，財富才會越來越多；而道德卻比財富更重要，只有我們在平時時常約束自己的言行舉止，恪守自己的情操，這樣我們才能立身於世。

【案例】

未雨綢繆的故事

　　現在的商戰中，往往要去做一件事的時候，決策者們都會準備好幾個方案或者策略，以備不時之需，或者是要對這件事做個全面的瞭解，這樣才有可能會勝出。

　　南宋時期江西有一名士，非常的傲慢。一次他提出要與當時著名的大詩人楊萬里相會。楊萬里謙和地表示歡迎，並提出希望他能帶一點江西的名產配鹽幽菽。後來，名士來到了楊萬里所住的地方，見到楊萬里後很高傲的開口說：「請先生原諒，我是讀書人，實在不知配鹽幽菽是什麼鄉間之物，所以無法帶來。」聽到這裡，楊萬里不慌不忙地從書架上拿出一本《韻略》，翻開當中一頁遞給名士，只見書上寫著「菽‧配鹽幽菽也」。原來楊萬里讓他帶的就是家庭日常食用的豆豉。而此時名士早已面紅耳赤，方恨自己讀書太少，後悔自己太傲慢了。

　　人貴有自知之明，如果老是自以為自己無所不知、無所不曉，肯定會鬧笑話的，要知道學海無涯，沒有人能夠什麼都懂，所以只有謙虛謹慎，保持著一顆時刻學習的心，才能不斷的進步。

　　宋朝時期的大文學家歐陽修，身為唐宋八大家之一，其文學造詣可說是爐火純青，但他從不恃才傲物，每做出一篇文章後，仍要一遍遍仔細的修改。他的夫人怕他累壞了身體，就勸他說：「何必這樣一遍一遍的改呢？你又不是小學生，難道還怕做的不好，讓先生生氣嗎？」歐陽修笑著回答說：「不是怕先生生氣，而是怕後生笑話！」正是這種一絲不苟、嚴謹仔細的作風，才讓歐陽修成為了一代大家。

　　同樣的一件事情，各個條件也全都一樣，唯一的區別是，一個經過了準備，一個沒有準備，那準備過的成功機率肯定會大於沒有準備過的。「未雨而綢繆」說的正是這個意思。

第五十四篇　淡泊名利

【原文】

孟子曰：「好名之人，能讓千乘之國，苟①非其人，簞食豆羹見②於色。」

——選自《盡心章句下》

【注釋】

①苟：如果。

②見：同「現」。

【譯文】

孟子說：「一個看重名聲的人，他能夠把擁有千輛兵車的國家的君位讓給他認為是賢德的人。但是如果他不是那種真正好名之人，那麼就是讓他出一筐飯，一碗湯，他的臉上也會表現出不高興的神色。」

【點評】

好名之人會為了自己的名譽而做出很大的犧牲，就如同燕王噲，為了學習堯舜，把燕國的君位讓給了燕國的相國子之。燕國國人不服，最後引起了內亂，死傷無數。而好利之人會為了自己的名利而不擇手段。

　　由此可見孟子既是反對好利之人，同時也反對好名之人。從他的言語中可以看出他是在主張一個人應該淡泊名利，更應該加強其道德修養。

【案例】

淡泊名利的故事

　　在中國的歷史長河中，有很多的賢能異士，都選擇了歸隱，他們或大隱隱於市，或小隱隱於山水之間，他們都是非常的淡泊名利的。但也有一些將帥賢臣，他們也是淡泊名利的。

　　「非淡泊無以明志，非寧靜無以致遠。」出自諸葛亮寫給他八歲兒子諸葛瞻的《誡子書》。這既是諸葛亮一生經歷的總結，更是對他兒子的要求。大致的意思是說：「不把眼前的名利看得輕淡就不會有明確的志向，不能平靜安詳、全神貫注的學習就不能實現遠大的目標。」

　　諸葛亮一生都在為劉備所建的蜀國奔波勞累。與其說是劉備建立了蜀國，倒不如說是諸葛亮建立了蜀國。後來，白帝城劉備託孤的時候，也對諸葛亮說過，要是後主不行，他可自立為帝。可是，諸葛亮為了完成劉備統一天下的遺願，廢寢忘食，憂心憂慮，最後病死五丈原。如果諸葛亮是個貪得功名之輩，那他早就自立為帝了，而沒有必要為了「扶不起的阿斗」病死了。

　　在中國歷史上傳為佳話的東漢名將馮異，可以說是品格高潔、才能出眾。馮異是漢光武帝劉秀中興時的傑出統帥，馳騁沙場幾十年，戰功累累，但每次戰役結束後，當皇帝進行論功封賞時，他都會避功，把功勞封賞給部下，自己則常常獨坐在大樹下讀書思過，因而部下也都尊稱他為「大樹將軍」。他有帥才，卻從不使氣，雖戰功赫赫，卻仍低調做人，淡泊名利。這也是他過人之處。

　　功名利祿，這些都是我們很多人追求的目標，想要放棄，也只有賢者才能做到而已。

第五十五篇　仁賢為本

【原文】

孟子曰：「不信仁賢，則國空虛[①]；無禮義，則上下亂；無政事，則財用不足。」

——選自《盡心章句下》

【注釋】

①空虛：空虛無人。

【譯文】

孟子說：「如果不能夠信任仁德賢能的人，那麼國家就會空虛無人了；如果要是沒有禮義，那麼上下級的關係就會混亂；如果國家沒有好的政策，那麼國家的經費就會不足。」

【點評】

人才是每個國家的根本，大至國家之間的戰爭，小至百姓之間的商賈貿易。都是彼此間人才的智慧交戰。

一個國家的君王要是不能夠任用仁德賢能的人，那麼人才就必定會離他而

去，那麼他的國家就會慢慢的衰落直到滅亡。反之，一個國家的君王要是任用了仁德賢能的人，那麼人才必定會聚集在他的身邊，為他出謀劃策。人民也因此受到良好的教育、學會禮儀，在政治上有良好的政策可以實施，國家繁榮富強，這樣的國家將會天下無敵的。

而這三件事又是以仁賢為最根本，要是沒有人才，其他的也就無進而談了。

【案例】

隋煬帝的殘暴和荒淫

一個國家的強大與否，首先要看這個國家的最高領導人的能力怎麼樣，其次要看這個國家的大臣能力怎麼樣。如果君王的能力很強，那在他周圍會有一班賢良的大臣，這樣的國家肯定是強大的。如果，君王的能力是比較一般的，但是他周圍的大臣們都有能力，君王又信賴他們，這樣的國家也可以是強大的。

隋朝的隋煬帝雖無雄才大略，卻也有一定的文武才幹，只可惜，他不僅沒把他的才能放到治理國家這方面上，反而把這種才能用當成他狂妄自大、嫉賢妒能的資本。

古代稍微明智一點的帝王，即使不能從諫如流，但也會多少採納一些忠言，補救一些過失，然而隋煬帝卻偏偏反其道而行之，他把自己的所有才能全都用來拒諫飾非。他厭惡甚至痛恨那些極言敢諫之士，必欲除之而後快。朝中那些正直不阿、直言不諱的大臣如果不緘口無言，那就不會有什麼好下場了。尚書僕射高穎，是隋朝的一代名臣，他不僅輔佐文帝建立隋朝，而且還在煬帝南伐陳朝時，負責指揮部署，成就了煬帝的功績。隋煬帝即位後，啟用他為太常。高穎見煬帝

整天縱姿聲色，不理朝政，而後又起長城之役，便對太常丞李懿說：「周天元帝以好樂而亡，應接受教訓，怎麼還可以這樣？」當煬帝對突厥啟民可汗恩禮太厚時，高潁又深為國家擔心，對太府卿何稠說：「啟民可汗知中國虛實，山川地形，恐為後患。」高潁就因為這幾句話為自己招來殺身之禍，煬帝以誹謗朝政的罪名把高潁殺掉了。後來，朝廷議訂新令，久而不決，內史侍郎薛道衡對同僚說：「如果高潁不死，新令早就頒佈執行了。」煬帝聽了，就把薛道衡交給法司問罪。薛道衡自己覺得所犯並非大罪，必會赦免，他催促法司早斷，還通知家人準備飯菜，迎候他回家。待煬帝判決下來，竟讓他自盡。

三征高麗後，煬帝又要去東都遊玩，太史令庚質進諫說：「陛下連年征高麗，百姓們苦不堪言，現應鎮撫關內，使百姓盡力農桑，讓他們喘口氣，然後再出去巡遊。」結果被煬帝殺掉。其餘凡勸諫煬帝節省民力、停止巡遊，都被殺、被貶。大臣們見隋煬帝如此不可救藥，也就都不再勸諫了。

而隋煬帝所寵信的人，不是兇殘歹毒、貪得無厭之徒，就是阿諛奉承的小人。楊素是隋煬帝寵信的朝廷重臣，雖有文武之才，但卻專會逢迎主上，半點不敢觸犯煬帝的旨

意。而且自己聚斂財富，修飾華麗的住宅，家僮數千，後庭妓妾穿錦繡之服者以千數。字文述也是煬帝奪嫡時的幹將，善於觀察煬帝臉色，隨從巡遊河右，數以奇異之物進獻。為了迎合煬帝意，勸煬帝幸江都，因而備受恩寵。光祿大夫郭衍為討好煬帝，竟勸煬帝隔五日一視朝，以免被政事累著。就是像這樣勾引皇帝不理政事的奸臣，煬帝反而以為是忠，說：「唯有郭衍心與朕同。」其他像內史侍郎虞世基、御史大夫裴蘊等，皆以諂諛得寵。

像這樣的國家怎麼可能會強大呢？所以當爆發了起義後，隋朝就加快了被滅亡的時間，最後被李淵所滅。這和隋煬帝平時的所作所為有密切的關係，一個國家應該以仁賢為本，而他卻是以殘暴、荒淫為本，能不被滅亡嗎？

第五十六篇　民貴君輕

【原文】

孟子曰：「民為貴，社稷①次之，君為輕。是故得乎丘民②而為天子，得乎天子為諸侯，得乎諸侯為大夫。諸侯危社稷，則變置。犧牲③既成，粢④盛既潔，祭祀以時，然而旱乾水溢，則變置社稷。」

——選自《盡心章句下》

【注釋】

①社稷：社，土地之神。稷，穀之神。土地和糧食都是國家的根本，所以後來也用社稷來代指國家。

②丘民：一說：田野之民，一說：丘，眾也。

③犧牲：指古時為祭祀而宰殺的牲畜。

④粢：指古時祭祀用的穀物。

【譯文】

孟子說：「百姓是最重要的，土穀之神次於百姓，而君主的地位更要次於百姓了。所以只要能得到百姓們的擁戴就能做天子，只要能得到天子的信任就能做諸侯，只要能得到諸侯的信任就能做大夫。要是諸侯危害了國家的利益，那麼就

改立諸侯。祭祀用的牲畜都是肥而又壯的，盛在祭器裡的穀物也是清潔的，而且又是按時祭祀，如果這樣的話，還要發生了旱災和水災，那就只好改立土穀之神。」

【點評】

國家是以民為本，而民又是天下的基石。「民為貴，社稷次之，君為輕。」這句話應該可以說是孟子思想中最具有代表性的。

從古至今每個朝代的變更，都是君王在變更。而民眾始終還是民眾。也就是說，只有受到了民眾的擁戴，才能當君王；而失去民心的，就只能是個獨夫民賊了。每個朝代的開國之君，都是以人民的利益為重，所以能受到人民的擁戴，而每個朝代的最後一個國君必定是個殘暴無性、失去民心的。

孟子在《離婁章句上》中就說過了：「桀紂之失天下也，失其民也」、「得天下有道，得其民斯得天下矣」。孟子從儒學民本思想出發，進而提出了「民為貴，社稷次之，君為輕」這個思想觀念。而戰國末期的荀子，他把君主比喻為舟，把人民比喻為水，說：「君者舟也，庶人者水也，水則載舟，水則覆舟。」（《荀子‧王制》）由此可見民心的重要性。

【案例】

孟子諫齊宣王

一個國家什麼為重？什麼為輕？戰國時期的大思想家、儒家的重要代表、具有亞聖之稱的孟子就提出了「民貴君輕」之說。

齊宣王即位後，他非常仰慕齊桓公、晉文公的霸業，同時也為了振興齊國、稱雄諸侯、統一天下，便褒尊儒學，招納賢才，使各國學者前往齊國。在這種社會形勢下，孟子離開了梁國再次前往齊國。

孟子來到齊國後，對齊宣王能夠施行仁政充滿了信心。他利用各種機會向齊王宣傳「以民為本」的仁政主張。齊宣王也經常召見孟子入宮，尊之為長，奉之為師，促膝交談，聆聽教訓。

有一次，孟子問齊宣王：「大王您認為什麼是諸侯的寶貝？」

齊宣王想了半天，最後才勉強回答道：「珍珠美玉應該才是諸侯的寶貝吧！」

孟子聽後，理直氣壯地對齊宣王說：「大王您說的不對，諸侯的寶貝應該有三樣：土地、人民、政事。如果要是以珍珠美玉為寶的話，必定會招來災禍。」

齊宣王聽了孟子的回答，臉上露出了不解的神情。

孟子接著對齊宣王說：「在諸侯國中百姓最重要，民心向背關係到國家的安危治亂，得民心的人便能得到天下，失民心的人便會失去天下。諸侯國的君王要保證百姓有足夠的土地耕種，使得百姓能養得起他們的父母和妻子，豐收的年份能吃飽，而遇到飢荒的時候不會被餓死，能夠過著安居樂業的生活。百姓居於社會的重要地位，他們的生活富庶了、安定了，則必會誠心地擁護和愛戴國君，這樣上下同心，君臣一致，國家必然強大，社會也必然長治久安。」

　　齊宣王聽了孟子的話，點了點頭。孟子又問齊宣王：「一國之內，何為貴？」

　　齊宣王不假思索地脫口而出道：「自然是君為貴。」

　　孟子聽後搖了搖頭，笑了。齊宣王被孟子笑愣了，反問道：「難道我回答錯了嗎？依您的高見，一國之內，何為貴？」

　　孟子嚴肅地回答道：「民為貴，社稷次之，君為輕。」

　　孟子稍微停了一下，接著解釋說：「一個人要是得到百姓的歡心便做了天子，要是得到天子的歡心便做了諸侯，要是得到諸侯的歡心便做了大夫。諸侯要是危害到國家，那就改立諸侯。犧牲既已肥壯，而祭品又已潔淨，同時也是依一定時候祭祀，但是還是發生了水、旱災害，那就要改立社稷之神。」

　　齊宣王又詢問孟子道：「那我要怎樣做才能博得百姓的歡心呢？」

　　孟子回答說：「百姓所喜好的，大王應該替他們聚積起來；百姓所厭惡的，大王就不要去施行。總之，要做好耕種，儘量減輕賦稅，使得百姓們富足起來。大王治理天下，使百姓糧食多如水火，取之不盡，用之不竭，百姓豐衣足食，安居樂業，就必定會齊心擁護大王。」

　　齊宣王聽了孟子的話，十分滿意，高興地對孟子說：「先生的一番話使我茅塞頓開，請您輔佐我達到目的。」

　　一個處處為百姓著想的君王，百姓又怎麼會不去擁護、愛戴他呢？只有處處為別人著想，別人才會對你真心的擁護。

第五十七篇　聖人，百世之師也

【原文】

孟子曰：「聖人，百世之師①也，伯夷、柳下惠是也。故聞伯夷之風者，頑夫②廉，懦夫有立志；聞柳下惠之風者，薄夫③敦，鄙夫④寬。奮乎百世之上，百世之下聞者莫不興起也。非聖人而能若是乎？而況於親炙⑤之者乎？」

——選自《盡心章句下》

【注釋】

①百世之師：百世之後都可以堪為師表。

②頑夫：貪婪的人。

③薄夫：刻薄的人。

④鄙夫：心胸狹窄的人。

⑤親炙：親身接受教誨。

【譯文】

孟子說：「聖人，可以做為百世之後的人的老師，伯夷、柳下惠就是這樣的人。所以，聽說過伯夷的道德風範的人，貪婪的人也都變得廉潔起來，懦弱的人也會有了志氣，而使得自己的意志堅強起來；聽說過柳下惠的道德風範的人，刻

薄的人也會變得厚道起來，胸襟狹小的人也會變得寬廣起來。他們在百代之前就奮發自強，百世之後，聽說過他們的道德風範的人，沒有一個不發憤自強的。如果不是聖人能像這樣嗎？（百世以後還有如此大的影響力）何況是親自接受過他們的薰陶、教誨的人呢？」

【點評】

這章主要講的就是聖人的道德情操以及其影響力。聖人的言行舉止，百世之後，人們還在仿效。這說明好的道德情操，百姓都願意去學習。正因為這樣，所以民眾的素質才會提升。民眾的素質提升了，國家才能穩定的發展。

【案例】

笛卡兒的比喻

自古以來，榜樣所帶來的力量是巨大的。

中國古代的教育家孔子在他的著作《論語》裡說：「三人行，必有我師。」意思是說每個人身上都有你可以學習的長處。一個人知道得越多，那麼他就應該越謙虛，正如蘇格拉底所說：「我知道得越多，就會發現自己越無知。」

法國的數學家笛卡兒是一位知識淵博的偉大學者，但他也曾經說過，自己學習

得越多就會發現自己越無知。一次，有人問這位偉大數學家：「你學問那樣廣博，竟然還感嘆自己的無知，這樣是不是有點太過謙虛了？」笛卡兒說：「哲學家芝諾不是解釋過嗎？他曾畫了一個圓圈，圓圈內是已掌握的知識，圓圈外是浩瀚無邊的未知世界。知識越多，圓圈越大，圓周自然也越長，這樣它的邊沿與外界空白的接觸面也越大，因此未知部分當然顯得就更多了。」「你的解釋真是絕妙了！」問話者連連點頭稱是，讚服這位數學家的高見。

每一個人在追求美好生活的同時，都會給別人樹立起榜樣，問題是你樹立的是正面的形象，還是負面的形象。這要取決於我們自己所做出的選擇。

第五十八篇　無上下之交

【原文】

　　孟子曰：「君子①之厄②於陳蔡③之間，無上下之交也。」

——選自《盡心章句下》

【注釋】

　　①君子：孔子。

　　②厄：困住。

　　③陳蔡：陳，國名。蔡，國名。

【譯文】

　　孟子說：「在陳國、蔡國之間孔子遇到了圍困，那是因為他跟這兩國的君臣都沒有交往的原因。」

【點評】

　　多個朋友多條路，人際關係在人的一生中顯得格外的重要。

　　這章講的是孔子受困於陳蔡兩國，是因為他平時沒有和這兩個國家的君臣搞好關係，陳蔡兩國的君臣怕孔子到別國後說他們的壞話，而圍困孔子一干人的。

從這裡我們可以看出來，孔子不是因為道路不通暢而遭到圍困的，而是因為小人從中作梗而受到圍困的。

在現實生活中那些「見人說人話，遇鬼說鬼語」的人，成功的機會肯定比那些不善言辭的人要大許多。

【案例】

負荊請罪

多一個朋友就少一個敵人，這是我們處世的原則之一，那些一個朋友都沒有的人，是很難在社會上行走的。但是，想要朋友是真心對你的，首先是你要能真心的對待你的朋友。

春秋時候有個「負荊請罪」的故事流傳至今，還被人們拿來說道。

藺相如在趙秦兩國澠池之會上大出風頭，幫了趙王，趙王便拜他為相國。趙國有個大將軍叫廉頗，見藺相如僅僅憑一張嘴，眨眼間職位就比自己高了，心裡很不服氣，決心要找個機會好好羞辱藺相如一番。

這件事不知怎麼被藺相如知道了，於是他就處處躲著廉頗，有時還稱病不肯上朝。

有一天，藺相如和門客一起出門辦事，他看見廉頗的車迎面走來，急忙將自己的車退進了小巷裡，讓廉頗的車過去。藺相如的門客埋怨藺相如不該如此膽小怕事，藺相如笑了笑說：「你說廉頗將軍跟秦王比，誰的勢力大？」

門客答道：「當然是秦王的勢力大。」

藺相如接著又說：「天下諸侯都怕秦王，而我卻敢當面指責他，秦國之所以不敢侵犯趙國，就是因為有廉頗將軍和我在，倘若我與廉頗將軍不和，秦國必定會趁機來犯，所以我情願忍讓廉頗將軍。」

後來，藺相如的話傳到了廉頗的耳朵裡，廉頗知道後感到無地自容。於是決定親自向藺相如請罪。一天，藺相如正在書房裡讀書，一個門客匆匆地跑來說：「廉頗將軍來了。」藺相如愣住了，他不知廉頗此來何意，急忙出門迎接。只見廉頗裸露著上身，背上綁了一根荊條，沉痛地說：「我是個粗陋淺薄之人，請責罰我吧！」藺相如見廉頗態度真誠，便親自解下他背上的荊杖，請他坐下，兩人坦誠暢敘，從此誓同生死，成為至交。從此以後二人齊心協力，共同保衛國家，使得秦國十幾年不敢侵犯趙國。

藺相如是真心的在付出，所以當廉頗知道，才會負荊請罪，這也是一種報答。若是藺相如當初要和廉頗爭面子的話，勢必會跟廉頗一爭到底，這樣不僅不會有「將相和」的美談，而且就連趙國也會很有危險了，隨時可能會被秦國所消滅。如此可見，朋友們，甚至是君臣、同僚之間的關係，是多麼的重要。

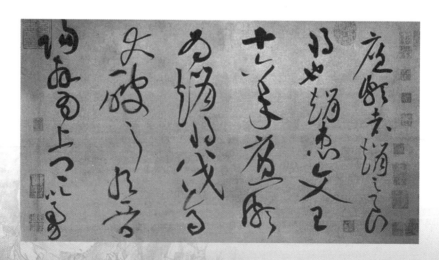

第五十九篇　稽大不理於口

【原文】

貉稽^①曰：「稽大不理於口^②。」

孟子曰：「無傷也。士憎茲多口。《詩》^③云：『憂心悄悄，慍於群小。』孔子也。『肆不殄厥慍，亦不殞厥問^④。』文王也。」

——選自《盡心章句下》

【注釋】

①貉稽：人名，貉，姓。稽，名。

②大不理於口：說話不順著別人。

③《詩》：見《詩經·邶風·柏舟》。

④肆不殄厥慍，亦不殞厥問：《詩經·大雅·綿》中的句子。肆，發語句，故也；殄，滅絕；厥，其他；慍，怨恨；殞，失掉；問，名譽。

【譯文】

貉稽說：「我被別人說的一無是處而且還說的很壞。」

孟子說：「這是沒有關係的。士人都很討厭這樣多嘴多舌的人。《詩經》上

293

說：『我心裡憂鬱煩惱，是因為遇到了小人對我的怨恨。』這就是孔子所遇到的。又說：『不能夠去消除別人的怨恨，但是也不能失去自己的名聲。』文王就是這樣做的。」

【點評】

一個人被別人誹謗，是沒有什麼關係的，主要是看這個人平時的個人道德修養是好還是壞。要是平常都是很好的，就算有人誹謗，也不用怕，因為大家都相信你的人品。而要是平常就是很壞的，不需要別人誹謗，大家也會對你避而遠之。

身正不怕影子斜，只要自己平常行的正、坐的直，那麼就讓別人去多嘴多舌吧！套用現在的一句話就是「走自己的路，讓別人說去吧」！

【案例】

蕭何的保命之法

要是一個人被別人誹謗了，如果他是一個平庸的人，那麼他總會覺得自己很無辜，會覺得上天對他不公平。而如果他是一個有智慧的人，那他則是用事實來澄清。

韓信為漢朝的建立可謂是立下了汗馬功勞，但他不懂得收斂，到最後因為他的鋒芒而招來殺身之禍。呂后採用了蕭何之計，謀殺了韓信。此時，高祖正帶兵征剿叛軍，聞訊後便派使者還朝，又封蕭何為相國，另外加賜五千戶，再令五百士卒、一名都衛做相國的護衛。

　　百官都向蕭何祝賀，只有陳平表示擔心，私底下裡對蕭何說：「您的大禍從現在開始了。皇上在外作戰，您在朝掌管朝政。您沒有和皇上一起去冒著箭雨滾石的危險，而皇上卻增加您的俸祿和護衛，這並非表示寵信。如今淮陰侯（韓信）謀反被誅，皇上還心有餘悸，同時他也有懷疑您的心理。我勸您辭掉封賞，拿出所有家產去輔助作戰，這才能打消皇上的疑慮。」一語驚醒夢中人，蕭何依計而行，變賣家產犒軍，高祖果然高興，疑慮頓減。

　　這年秋天，黥布謀反，高祖御駕親征，此間派遣使者數次打聽蕭何的情況。使者回來都說：「正如上次那樣，相國正鼓勵百姓拿出家產輔助軍隊征戰呢！」

　　這時有個門客對蕭何說：「您不久就會被滅族了！現在您身居高位，功勞又是第一，便不可再得到皇上的恩寵。可是自從您進入關中以後，一直得到了百姓們的擁護，如今已經有十多年了，皇上也數次派人問及您的情況，那是因為害怕您受到關中百姓的擁戴。所以，現在您何不多買些田地，少撫恤百姓，來自損名聲呢？皇上必定會因此而心安的。」蕭何認為有理，又依此計行事。後來，高祖得勝回朝，就有百姓攔路控訴相國。高祖非但沒有生氣，反而高興異常，同時也沒對蕭何進行任何處分。

　　智者會為自己多留一條路，進而不讓災難落到自己的頭上。蕭何為了保全自己，可以犧牲自己的財產，也可以犧牲自己的名譽，但是他卻得到了自己的性命，這還是值得的。

第六十篇　介然用之而成路

【原文】

孟子謂高子①曰：「山徑之蹊間②，介然③用之而成路；為間④不用，則茅塞⑤之矣。今茅塞子之心矣。」

——選自《盡心章句下》

【注釋】

①高子：齊國人，孟子的學生。

②山徑之蹊間：山中經常有人行走的小徑。

③介然：經常性的，連續不斷的。

④間：時間。

⑤塞：阻塞。

【譯文】

孟子對高子說：「山中經常有人行走的地方，大家連續不斷去走，時間長了它就成了一條路了；然而只要人們不走了，那麼就會像以前一樣被茅草堵塞了。現在，『茅草』已經把你的心給堵塞住了。」

【點評】

路本來沒有，走的人多了，就走出路來了，這是一個含意十分深廣的比喻。

在這章中，孟子用山間小路的成與廢來比喻人心的通與塞。透過這樣的比喻來開導他的弟子高子。

【案例】

三顧茅廬

人有時候往往會有心結，自己怎麼解也解不開，但是有時，朋友之間或親人之間偶然的一句話，就可以解開了。有時候，對事情看的不是很清楚、明白，這也需要別人來提醒，自己才能明白過來。

《三國演義》裡就描寫了劉備三顧茅廬之後，諸葛亮對劉備所說的那一番話：

諸葛亮和劉備二人敘禮畢，分賓主而坐，童子獻茶。茶罷，孔明曰：「昨觀書意，足見將軍憂民憂國之心；但恨亮年幼才疏，有誤下問。」玄德曰：「司馬德操之言，徐元直之語，豈虛談哉？望先生不棄鄙賤，曲賜教誨。」孔明曰：「德操、元直，世之高士。亮乃一耕夫耳，安敢談天下事？二公謬舉矣。將軍奈何捨美玉而求頑石乎？」玄德曰：「大丈夫抱經世奇才，豈可空老於林泉之下？願先生以天下蒼生為念，開備愚魯而賜教。」孔明笑曰：「願聞將軍之志。」玄德屏人促席而告曰：「漢室傾頹，奸臣竊命，備不量力，欲伸大義於天下，而智術淺短，迄無所就。唯先生開其愚而拯其厄，實為萬幸！」孔明曰：「自董卓造

逆以來，天下豪傑並起。曹操勢不及袁紹，而竟能克紹者，非唯天時，抑亦人謀也。今操已擁百萬之眾，挾天子以令諸侯，此誠不可與爭鋒。孫權據有江東，已歷三世，國險而民附，此可用為援而不可圖也。荊州北據漢、沔，利盡南海，東連吳會，西通巴、蜀，此用武之地，非其主不能守；是殆天所以資將軍，將軍豈有意乎？益州險塞，沃野千里，天府之國，高祖因之以成帝業；今劉璋暗弱，民殷國富，而不知存恤，智能之士，思得明君。將軍既帝室之冑，信義著於四海，總攬英雄，思賢如渴，若跨有荊、益，保其岩阻，西和諸戎，南撫彝、越，外結孫權，內修政理；待天下有變，則命一上將將荊州之兵以向宛、洛，將軍身率益州之眾以出秦川，百姓有不簞食壺漿以迎將軍者乎？誠如是，則大業可成，漢室可興矣。此亮所以為將軍謀者也。唯將軍圖之。」言罷，命童子取出畫一軸，掛於中堂，指謂玄德曰：「此西川五十四州之圖也。將軍欲成霸業，北讓曹操佔天時，南讓孫權佔地利，將軍可佔人和。先取荊州為家，後即取西川建基業，以成鼎足之勢，然後可圖中原也。」玄德聞言，避席拱手謝曰：「先生之言，頓開茅塞，使備如撥雲霧而睹青天。但荊州劉表、益州劉璋，皆漢室宗親，備安忍奪之？」孔明曰：「亮夜觀天象，劉表不久人世；劉璋非立業之主：久後必歸將軍。」玄德聞言，頓首拜謝。只這一席話，乃孔明未出茅廬，已知三分天下，真萬古之人不及也！後人有詩讚曰：「豫州當日嘆孤窮，何幸南陽有臥龍！欲識他年分鼎處，先生笑指畫圖中。」

　　諸葛亮當時隱居隆中，所以對世事看得很清楚，而劉備則是東征西戰，但是始終沒有一個落腳的地方，所以當諸葛亮說要往西川發展的時候，劉備這時才茅塞頓開，因為要是能在西川站住腳，那他就可以和東吳聯合北抗曹操了。這樣才可以建造他自己的國家。

第六十一篇　不享受，不驕傲

【原文】

孟子曰：「說①大人，則藐②之，勿視其巍巍然。堂高數仞，榱
題③數尺，我得志，弗為也。食前方丈④，侍妾數百人，我得
志，弗為也。般樂⑤飲酒，驅騁田獵，後車千乘，我得志，弗為
也。在彼者，皆我所不為也；在我者，皆古之制也，吾何畏彼
哉？」

【注釋】

①說：勸說，說服。

②藐之：輕視他。藐，輕視。

③榱（ㄘㄨㄟ）題：屋簷下的椽子頭，這裡指屋簷。

④食前方丈：用一丈的地方用來擺放吃的東西。

⑤般樂：大規模的行樂。般，大。

【譯文】

　　孟子說：「向諸侯進言，就要輕視他，不要看他那副高高在上的樣子。殿堂
的地基有幾丈高，屋簷有數尺寬，我如果得志了，就不這麼做。面前擺滿美味佳
餚，侍候的臣妾有數百人，我要是得志了，就不這麼做。飲酒作樂，馳騁打獵，
後面跟隨千輛車子，我要是得志了，就不這麼做。他們的所作所為，都是我所

不願做的；而我所願做的，全都是符合古代制度的，那麼我又為什麼要怕他們呢？」

【點評】

只有昏庸無能的人才會把享受榮華富貴、貪圖美色、遊山玩水當成自己要做的事情。而正人君子卻相反，他們會藐視這一切。

孟子之所以勇於藐視諸侯這類大人物，不是靠勇力，而是靠古代的先賢們的業績和理論。只有用這個做為自己堅強的後盾，他才能傲視於各個諸侯國的國君。

【案例】

海瑞為官的原則

中國有很多的名臣，他們要嘛以智慧顯著，要嘛以清廉顯著，要嘛以諫勸而顯著。而諫勸的人往往都是冒著生命危險的，這其中以明朝的海瑞最為有名了。

嘉靖四十三年（西元1564年），海瑞調京任雲南戶部主社。他在京城任職期間，親自耳聞目睹了朝廷的腐敗。然而當時明世宗已經在位很久，但是從嘉靖二十年（西元1541年）以來，他就不上朝理政，而是深居西苑，沉迷於求道成仙，奢侈淫逸，寵信奸佞，導致朝廷日益腐敗。

嘉靖四十五年（西元1566年）二月，海瑞提出著名的《直言天下第一事疏》（後人稱為《治安疏》）。他指出：「我聽說君王是天下臣民萬物的主宰，他的

責任重大。想要稱職，也唯有把職責寄託在大臣身上，使他們盡情進言。我冒死請求，替陛下陳述。」

皇帝看了這道疏文之後，非常的生氣，把疏文丟在地上，以表示對海瑞的憤慨。但是想了一想，又撿了起來，他覺得海瑞的言辭確實擊中了自己的要害，便嘆口氣說：「此人倒是比得上比干，只可惜我並不是紂王啊！」但是皇帝為了自己的龍顏，還是不能原諒海瑞，於是下令：「趕快把海瑞給我抓起來，不要讓他跑掉！」宦官黃錦佩服海瑞的骨氣，想袒護他，就告訴皇帝說：「海瑞是書呆子，上疏之後，連棺材都買好了，看樣子他是不可能會逃跑的。」皇帝聽後愣住了，雖然沒有立即把他抓起來，但過了幾天，還是命令把海瑞交給錦衣衛審問，最後還是被判了死罪。

海瑞在上疏之後，很清楚最後會是什麼結果。所以他也做好了準備，用僅有的二十兩銀子送去給他的同鄉好友王宏海，拜託他為自己辦理身後事。回家以後，自己又買了一口棺材，並把家中童僕一一遣散。他知道，皇帝一定會治他死罪的。他曾經感概地對王宏海說：「現在醫國的只有一味甘草，處世的只是一味鄉愿。」海瑞被判了死刑之後，朝中有很多正直的大臣對他都表以無限的同情，但是懾於封建帝王的淫威，誰也不敢公然出來打抱不平。

當時有個廣西人何以尚在戶部當司務，也算得上是海瑞的同僚了，他上疏要求釋放海瑞，皇帝立即命令將他逮捕入獄，嚴刑逼供。當時在京任首輔大臣的徐階，他也是比較正直，有時趁工作之便，也勸皇帝不要加罪於海瑞。其實皇帝也明白海瑞的話雖然刻薄，但也不得不承認海瑞說的都對。在這種情況下，海瑞雖然已經被判了死刑，但是皇帝始終沒有命令執行。而掌管錦衣衛的太監，因為海瑞上疏矛頭是對準方士，多少也有點同情海瑞。皇帝既然不下令處斬海瑞，他們

也絕不會去催辦。

嘉靖四十五年（西元1566年）冬天，皇帝病死了。獄吏知道海瑞不但要獲釋，而且還要當官了，就辦了酒席請海瑞，並告訴他皇帝已經死了。海瑞聽後痛苦不已，把剛才吃的東西全都吐了出來，說明海瑞雖然罵皇帝但卻還是忠於皇帝的。沒過幾天，海瑞就被釋放，復任戶部雲南司主事。隨後又改任兵部武庫司主事。隆慶元年（西元1567年），又調任專管皇帝璽印的尚寶司司丞，之後又調任大理寺寺丞，專管平反冤獄。

隆慶三年（西元1569年）五月，海瑞升任右僉都御史，以欽差大臣總督糧道巡撫應天。應天巡撫所轄為應天、蘇州、常州、松江、鎮江、徽州、太平、寧國、安慶、池州、廣德等十府，這十府可是明王朝的財富之區，堪稱全國最富庶的地方。但由於連年的災難，再加上貪官污吏的盤剝、鄉官的橫行，土地集中，百姓糧、役負擔都特別重，生活在水深火熱之中，特別是淞江更為嚴重。

海瑞下決心要革黜貪官污吏，搏擊豪強，矯革浮淫，矯正宿弊。嚴令一頒佈，有如烈日秋霜，風物頓易。十府官員心驚膽顫，有的出逃外省避風；有的把平時窮奢極欲的習氣趕忙收斂，裝成安分守職的樣子；有的顯赫權貴平時把自己的門第漆成紅色的，以示招搖，這時聽說海瑞要來了，一夜之間就改漆成黑色的；有一個太監任監江南織造，歷來驕橫侈縱，出入都是乘八人大轎，看到海瑞來了，心裡很不自在，遂將八人大轎改成了四人大轎。海瑞在應天十府的官場中造成一種威懾的力量。

當時在淞江一帶橫行鄉里的，要算華亭鄉官徐階和他的弟弟徐陟。他們侵佔土地，拒交賦稅，而徐階的兒子更是橫行鄉里，無惡不作。海瑞極為痛恨大戶兼

併土地，凡是貧民的田地被大戶兼併去的，一概替他們奪回。

徐階在海瑞被處死時，曾設法救過他，但是如果徇私，不追究徐家的所作所為，那麼要在淞江實行均田均稅，那也就成了空話。海瑞畢竟是個剛毅不阿的人，他不為個人的恩怨所左右。下令徐階退田，並將徐府成千名家奴遣散一大部分。對徐階的兒子徐璠、徐琨判罪充軍，三兒子徐瑛革職為民。

徐階看到海瑞鐵面無私，不退田肯定是不行了，就玩了一些花招，他把一部分土地改登記在兒子名下。海瑞馬上就揭穿了徐階的伎倆。海瑞在任應天巡撫的時候，是他一生中政績最輝煌的時期。但是，好景不常，海瑞正在盡心施展抱負時，和應天十府有關聯的朝、野官員卻對海瑞群起而攻之。誣衊海瑞庇護奸民，魚肉官吏，沽名釣譽，擾亂政事。海瑞對此十分憤慨，他義正辭嚴，逐條駁斥群臣們對他的誣衊。但最終還是被免去應天巡撫的職務，調他督職南京糧儲。海瑞在吳地任職剛半年，百姓聽說他將要離去，哭聲載道，在家中祭祀他的畫像。

萬曆十五年（西元1587年），海瑞在南京病故。臨死前三日，兵部送來柴薪費多算了七錢銀子，海瑞又讓人給退了回去。死後，清理他的全部家產，只剩銀十餘兩。南京的百姓聽說海瑞死了，十分悲痛。皇帝聽到這件事後，也很過意不去，於是下令替海瑞舉行隆重葬禮，並且加封為太子少保，諡忠介。

海瑞的一生，為官清廉，他剛毅不阿，犯顏直諫，抨擊權貴，表現出為國為民而不怕丟官、不怕死的錚錚鐵骨。他反對貪官，主張節儉，與豪強地主進行了不屈抗爭；他清丈田畝，改革賦稅，興修水利，對發展生產起到了積極的作用。

正是因為海瑞是這樣的一個清官，所以在歷史的長河中，他才會表現出極大的榜樣力量。而這也是我們應該向他學習的最基本的做人原則。

國家圖書館出版品預行編目資料

讀懂孟子，真的很容易／張子維編著.
－－第一版－－ 臺北市：知青頻道出版；
紅螞蟻圖書發行，2011.2
面　　公分－－（Wisdom；1）
ISBN 978-986-6276-57-6（平裝）

1.莊子 2.注釋

121.262　　　　　　　　　　100001776

Wisdom 01

讀懂孟子，真的很容易

編　　著／張子維
美術構成／Chris' office
校　　對／周英嬌、楊安妮
發 行 人／賴秀珍
榮譽總監／張錦基
總 編 輯／何南輝
出　　版／知青頻道出版有限公司
發　　行／紅螞蟻圖書有限公司
地　　址／台北市內湖區舊宗路二段121巷28號4F
網　　站／www.e-redant.com
郵撥帳號／1604621-1　紅螞蟻圖書有限公司
電　　話／(02)2795-3656（代表號）
傳　　真／(02)2795-4100
登 記 證／局版北市業字第796號
港澳總經銷／和平圖書有限公司
地　　址／香港柴灣嘉業街12號百樂門大廈17F
電　　話／(852)2804-6687
法律顧問／許晏賓律師
印 刷 廠／鴻運彩色印刷有限公司
出版日期／2011年 2 月　第一版第一刷

定價 280 元　港幣 93 元
敬請尊重智慧財產權，未經本社同意，請勿翻印、轉載或部分節錄。
如有破損或裝訂錯誤，請寄回本社更換。

ISBN 978-986-6276-57-6　　　　　　　Printed in Taiwan